求生慾超強的說、話、課

一本從感情到職場
都實用的溝通技巧
讓你「聲控」人心

俞姿婷 —— 著

致在生活中覺得說話很難的你！

- 你怎麼想對方，對方就會越像那種人！
- 說、都說！大膽說出產品缺點！
- 在他最得意的時候稱讚他，對方就會失常！

Contents

目錄

前言

上篇 說話講技巧篇——不同的說話對象採用不同的心理策略

16 與主管說話↓謙和策略

借題發揮 打好圓場／16
職場生存 恭維有度／18
勸諫上司 多做啟發／20
恰到好處 學會迎合／22
主動彙報 抓住重點／23
慎言篤行 維護權威／26

功歸於上　甘當綠葉／28
察言觀色　上下兼顧／31

與同事說話↓寬容策略　35

幽上一默　和諧人際／35
難得糊塗　不計得失／37
善於讚美　贏得人心／38
耳聽為虛　切莫妄言／41
談笑風生　化解矛盾／43
派系紛爭　保持中立／45

與下屬說話↓期望策略　49

精神激勵　決勝千里／49
顧及場合　講究方式／51
下屬糾紛　公平處理／53
親和友善　團結一心／55

Contents

降低姿態　拉近距離／57
籠絡人心　勇擔責任／59
體恤下屬　言語傳情／61

與客戶說話↓需求策略 64

實事求是　令人欽佩／64
發自內心　迂迴表達／66
欲擒故縱　請君入甕／68
刺激欲望　急人所急／71
幽默機智　獲得青睞／73
一鳴驚人　引起關注／76
以退為進　抓住時機／77
討價還價　心平氣和／80

與朋友說話↓真誠策略 84

結交朋友　真摯關切／84

溝通情感　互訴衷腸／86
談笑之間　贏得尊重／87
勇於道歉　友誼常青／90
守口如瓶　忠於朋友／93
交朋識友　言而有信／94
委婉拒絕　不失體面／96

與戀人說話↓傾情策略　98

含蓄委婉　傳遞深情／98
實話虛說　藉機抒情／101
不露聲色　旁敲側擊／104
直言不諱　坦率果敢／105
愛要傾吐　避免悲劇／108
巧妙計畫　精心安排／112

Contents

114 與愛人說話→和諧策略

珍惜愛情　互敬互諒／114
情感交流　不可忽視／116
調味生活　化解危機／119
為其喝彩　幸福永遠／121
減少爭吵　學會包容／123
抱怨嘮叨　於事無補／125
風雨同舟　更顯溫情／128
表示歉意　緩和矛盾／132

135 與對手說話→攻心策略

捧殺對手　迫其就範／135
言其利害　攻心有術／137
以假亂真　以虛代實／140
亂其心志　促其自敗／142

心理施壓　洞察人心／146
有容乃大　化敵為友／148
「紅白」配合　一唱一和／150
欣賞對手　贏得人心／152

與陌生人說話↓激發策略 155

與人攀談　選好話題／155
悉心傾聽　博得好感／158
平易近人　營造氣氛／161
主動欣賞　愉悅人心／162
真誠讚美　令人動情／164
微笑動人　左右逢源／167
輕鬆詼諧　化解尷尬／169

Contents

下篇 辦事有方法篇——不同的事情採用不同的心理定律

174 如何處理非常規事情↓移情定律

移花接木 轉危為安／174
突發事件 順勢制宜／176
成事之道 手段非常／179
沉著機智 化險為夷／182
巧借外力 突破常規／185
隨機應變 明哲保身／188
順水推舟 迷惑對方／191
裝瘋賣傻 進退有路／193
明修棧道 暗渡陳倉／195

如何把握輕重緩急－達變定律 200

輕重緩急　處世練達／200
當機立斷　免受其亂／203
權衡輕重　三思後行／205
抓住機會　手疾眼快／208
秉要執本　抓住重點／210
探察時局　審時度勢／213
寬嚴相濟　遊刃有餘／215
當務之急　刻不容緩／219
事分輕重　善忍小節／224

如何掌控事情大小－方圓定律 228

沒有規矩　不成方圓／228
眼光長遠　顧全大局／231
庖丁解牛　進退有餘／233

Contents

小愚大明　難得糊塗／236
因勢利導　主動造勢／240
小事隱忍　大事精明／242
風趣幽默　大事化小／246
小恩小惠　終得善報／249
深謀遠慮　出奇制勝／251
能屈能伸　輕鬆做人／254

如何打動對方↓情緒定律　257

反向心理　歪打正著／257
不卑不亢　專心做事／259
善用激將　引導情緒／262
稍安勿躁　克己服人／265
心理暗示　迫其自保／268
任其發洩　表示同情／270
活躍氣氛　掌控情緒／273

投其所好　予人所需／276
聲聲淚下　奪得同情／280
善用虛榮　不敗之師／284

如何共用利益→雙贏定律 286

嫉賢妒能　成功大忌／286
精誠合作　獲得雙贏／289
將心比心　理解他人／291
人格高尚　盡顯魅力／293
己所不欲　勿施於人／296
同理心　成就雙方／298
心胸開闊　積極樂觀／300
互惠雙贏　共用利益／302
相互信任　切勿猜疑／304

Preface

前言

人的心理十分微妙，即使同樣的一句話，也會因對方的情緒變化而得到不同的理解。讀懂對方的內心才能控制其情緒的變化。沉默的人就是一扇關閉的門，如果你在交往中稍有不慎，那麼對方就永遠不會向你打開心扉。

比如：怎樣才能使「沉默寡言」的人敞開心懷呢？如果你「入侵」了一定程度，一般人都會動搖；你還可以使對方感覺到你十分同情他的處境。如果對方因為遭遇挫折而不言不語或顧左右而言他，你不妨對他說，如果你處在同樣的環境遇到同樣的事情，肯定也會失敗。這樣對方就會擔心他再保持沉默就會被你誤解，從而展開交談。

如果問朋友會不會幫你忙，對方問「到底是什麼事」，他很可能是想找藉口拒絕，因為下一句他會說「這個我幫不上」；而要是說「你的事就是我的事」的人，也未必就會幫你，也有可能只是信口開河。

如果戀人說「這樣對我們都好」，意思是這樣對他好。

如果女人說「這件衣服太貴，不要買」，意思是如果你買給我，我會很感動。

如果前任說「事隔多年，很多事都改變了」，意思是我現在過得比你好。

如果某人說「我對事不對人」，那麼他肯定是對人不對事！

由此可見，心理學在說話做事中的作用還是很大的。掌握了這方面的知識，很多潛臺詞都會明白了。

有效掌握談話對方的心理變化，彼此可以由陌生變為熟悉，甚至由熟悉變為知己。

古有心術，今有心理學，關係到一個人、一個團隊、一間公司，甚至一個國家的成敗。古今中外敗於心理戰的人很多，如三國時被曹操斬首的楊脩，被孔明罵死的王朗；但得益於心理戰的人也很多，如春秋戰國時期二桃殺三士的晏平仲、諷齊王納諫的鄒忌等。

本書提供大量鮮活實用的資料和心理講解，讓你從容不迫、瀟灑自如的面對任何人、任何場所！

上篇

說話講技巧篇——

不同的說話對象採用不同的心理策略

與主管說話→謙和策略

謙和像一件神奇的衣裳，誰穿上它，誰就會變得更加俊美。

謙和不是虛偽，離群不是清高。一個抱有謙和心態的人，尤其是面對自己主管的時候，他必會獲得更多。

借題發揮　打好圓場

通常人們希望主管能幫下屬解圍，這幾乎是人之常情。其實，對於主管和下屬來說，工作上的支援是相互的和對等的，處於工作矛盾之焦點的主管，同樣也期盼下屬在關鍵時候能幫助自己解圍，只是領導者的這種心理需求由於種種原因不便輕易暴露而已。

作為下屬，如果能善於為上級解圍，不但可以獲得主管更多的賞識和信賴，而且可以提高自己的工作能力。

大太監李蓮英為人機靈、嘴巧，善於取悅於慈禧，這種機靈常常為慈禧和下屬解脫困境。

慈禧愛看京戲，常以小恩小惠賞賜藝人一點東西。一次，她看完著名演員楊小樓的戲后，把他召到眼前，指著滿桌子的糕點說：「這一些賜給你，帶回去吧！」

楊小樓叩頭謝恩，他不想要糕點，便壯著膽子說：「叩謝老佛爺，這些尊貴之物，奴才不敢領，請……另外恩賜點……」

「要什麼？」慈禧心情高興，並未發怒。

楊小樓又叩頭說：「老佛爺洪福齊天，不知可否賜個『字』給奴才。」

慈禧聽了，一時高興，便讓太監捧來筆墨紙硯。慈禧舉筆一揮，就寫了一個「福」字。站在一旁的小王爺，看了慈禧寫的字，悄悄的說：「福字是『礻』字旁，不是『衤』字旁的呢！」楊小樓一看，這字寫錯了，若拿回去必遭人議論，豈非有欺君之罪，不拿回去也不好，慈禧一怒就要自己的命。要也不是，不要也不是，他一時急得直冒冷汗。

氣氛一下子緊張起來，慈禧太后也覺得挺不好意思，既不想讓楊小樓拿去錯字，又不好意思再要過來。

旁邊的李蓮英腦子一動，笑呵呵的說：「老佛爺之福，比世上任何人都要多出一『點』呀！」楊小樓一聽，腦筋轉過彎來，連忙叩首道：「老佛爺福多，這萬人之上之福，奴才怎麼敢領呢！」慈禧正為下不了臺而煩惱，聽這麼一說，急忙順水推舟，笑著說：「好吧，隔天再賜你吧。」就這樣，李蓮英為二人擺脫了窘境。

【這段對話的關鍵是什麼？】

李蓮英的應變巧在借題發揮，將錯就錯。在主管面前，對於錯誤生硬的扳正或否認，都是不圓融的做法，借力使力把錯誤說「圓」方見應變的機智。

每個做主管的也都是如此，他們由於自身所處的位置，輕易不會對自己的錯誤言行做出正面的檢討，這是他們普遍的心理情緒，而作為下屬的我們，則應向李蓮英那樣，對正在發生的事情積極做出果斷、明智的應急處理，這才是上策。

職場生存　恭維有度

人無完人，上司、老闆們有時候也可能犯錯誤，而且這錯誤也需要下屬來指出。但同時，上司、老闆們又需要維護一定的尊嚴以治屬下，不可隨便被人評說。身為下屬，就要學會這種夾縫中生存的方法。

德皇威廉二世派人將一艘軍艦的設計圖交給一個造船界的權威，請他評估一下。他在所附的信件上告訴對方，這是他花了許多年，耗費了許多精力才研究出來的成果，希望能仔細鑒定一下。

幾個星期之後，威廉二世接到了權威人士所作的報告。這份報告附有一疊以數字推論出來的詳細分析，具體內容是這麼寫的：

「陛下，非常高興能見到一幅絕妙的軍艦設計圖，能為它做評估是在下莫大的榮幸。可以看得出來這艘軍艦威武壯觀、性能超強，可說是全世界絕無僅有的海上雄師。它的超高速度前所未有。而武器配備可說是舉世無敵，配有世上射程最遠的大炮，最好的桅杆。至於艦內的各種設施，將使全艦的官兵如同住進豪華旅館。這艘舉世無雙的超級軍艦只有一個缺點，那就是如果一下水，馬上就會像隻鉛鑄的鴨子般沉入水底。」

本來就很幽默的威廉二世，看到這個報告，不禁了然於胸的笑了。

【這段對話的關鍵是什麼?】

這個故事裡的造船界權威，很懂得說假話與說真話之間的哲學，如果他下個結論：陛下不懂造船。只怕不久後，說不定就會有「君要臣死，臣不得不死」的事情發生。如果他一味的奉承德皇，不敢說真話，那就是謊報軍情了。這船要真造起來，責任恐怕也得他來承擔。所以他只能拍著馬屁告訴皇上老兒真相。

拍馬屁，可以逗得上司、老闆開心，贏得他們對自己的關注。這對自己是很有好處的。老闆喜歡聽到有人吹捧他，喜歡看到有人在他面前充當「弄臣」角色逗他開心，也會準備為表演得好的人以某種形式的一定量的獎勵，或至少不會開罪於他。由此可見，拍馬屁也要針對上司、老闆的心理講究一定的方式方法，如此，才能取得良好的效果。

勸諫上司 多做啟發

在勸說別人的時候，滔滔不絕的大道理通常叫人煩厭，強詞奪理或苦苦相逼，更讓人難以接受，良藥苦口並不一定有利於病，勸說者既要了解對方的性格，更要把握對方當時的心態。

在戰國時期，秦國攻趙，趙國向齊國求援。齊國要趙國送太后的小兒子長安君為人質，方肯發兵。但趙太后執意不肯，雖然滿朝文武都極力勸諫，仍無濟於事。最後趙太后乾脆宣布：「誰要是再來勸我，我就吐他的臉。」

後來左師觸求見，太后知道他也是來規勸的，於是滿臉怒氣的等他來。觸慢慢的走到太后面前，請罪說：「我的腳有點毛病不能走快，因而好久沒有來看太后，卻心下惦念，故今特來看望。」太后見此便說自己現在也得靠車行走。觸又問了太后食量等其他一些情況，這一段家常話使太后的怒容全消。

之後，觸又求太后允許他的小兒子在王宮衛隊裡當一名衛士。太后滿口答應，並問觸兒子多大歲數了。觸答曰：十五歲，並說要在死之前為兒子安排好立身之處。太后見此便問男人是否也疼愛孩子。觸曰：比起女人有過之而無不及。此時，觸順便問太后疼愛燕后（趙太后之女）是否甚於長安君。太后答曰：比不上長安君。由此，觸強調說父母疼愛孩子應為他們的前程著想，並舉例說趙太后自己當年與燕后分別，難捨難分，依依惜別，但每次祭祖的時候，卻禱告讓燕后留在燕國，不要回來，以使其子女世世代代為燕王。講完這番話，觸反問太后：您這樣做，不正是為燕后的長遠著想嗎？太后點頭稱是。

此時，觸話鋒一轉，問太后道：自此三世之前，自趙國內大夫升諸侯以來，每一代國王的子孫凡是封侯的，其後期還有嗎？太后搖搖頭。觸又問：不光是趙國如此，其他子孫受封的後代還存在嗎？太后又搖搖頭。由此觸評論道：這是因為他們的地位顯貴卻沒有功勳，待遇優厚卻沒有功績所致。如今您給長安君以顯貴地位，膏腴之土，卻沒有給他為國立功的機會，這樣一旦太后不諱，長安君又何以使趙國自立呢？因此老臣認為你愛長安君卻沒有替他的長遠考慮，愛長安君不及愛燕后深。

至此，太后完全接受了觸的批評與勸說，便回答道：「好吧，就按你的意思。」之後為長安君準備了一百輛車子使齊，齊國隨即發兵救趙，從而退了秦國之軍。

【這段對話的關鍵是什麼？】

在這一事例中，由於觸深刻的體會到趙太后愛子心切的心理，於是從聊家常開始，請示太后將自己的小兒子安排在宮中當衛士，到評論太后愛燕后與長安君的差別，到最後建議愛長安君應給他為國立功的機會，始終未探討送長安君到齊做人質與退秦軍的利害關係，而是從問題的另一個能使趙太后產生共鳴的角度對其多做啟發和引導，恰到好處的既順了太后的心意，又使太后接受了勸諫。

在你的頂頭上司遇到重大的事情而又做出錯誤的決定的時候，此時，作為下屬往往急於勸導上司收回成命，可越是這時上司就越是固執己見。所以，當我們要勸諫上司時，我們最好從上司考慮問題的心理角度對上司多做啟發，而不必對其明示，這樣待上司察覺自己的錯誤的時候就會不失體面的接受你的建議，從而達到事半功倍的效果。

恰到好處　學會迎合

在工作中要學會利用與上司短暫的接觸機會，努力的去適應並迎合上司的心理需求。在不同的工作和生活的場合裡，要時刻注意到自己的言行舉止是否會讓上司感到不快。

國外有個著名的企業家，在談到他的工作經驗時，指出他的成功祕訣就是改變了對上司敬而遠之的態度。

這位企業家，在他剛進公司時，對上司也採取的是敬而遠之的態度。但有一次，他的朋友問他：「你同頂頭上司或是最高領導者見面時，有什麼感想？」他回答說：「現在，我並不急著和他們見面。」

「你這種想法不對。」他的朋友接著開導他說，「不只是與頂頭上司見面，就算是和最高領導者的談話，也並不是見不得人的事情。如果你想要提高業績，就要抓住與上司談話的每個機會，即使是五分鐘。一方面讓他了解你的想法，同時也可以明確上司對事情的看法，這是一件非常重要的事情。一個工作著的人如果不能以積極的態度面對他的上司，並給上司留下好的印象，他是成不了大事的。」這位企業家聽完後茅塞頓開，逐漸從對上司敬而遠之的態度中解脫出來。

【這段對話的關鍵是什麼?】

這個事例中的企業家，其態度的轉變是明智的。作為一個下屬，不要成天總是躲著上司，而應積極的從心理上去迎合上司。要與上司更多的接觸，並在接觸中讓上司喜歡你和容納你。

而且，適應、迎合他們的心理需求的同時，在措辭、語氣上都要十分注意。在做這些的時候，要揣摩上司的心理，適當考慮上司的意思，用巧妙的方式迎合，最終讓上司感覺這是建立在他自己的想法上而產生的主意。這對於工作的開展和溝通好你與上司的關係都是十分有利的。

主動彙報　抓住重點

當主管的都希望下屬能多親近自己，凡事多請示、多彙報，但是下屬向上級彙報工作，什麼當說，什麼不當說，一定要做到心裡有數。表現自己的成績，不可過度誇耀，提出批評和建議，一定要注意分寸。

在古代，奏議是臣子最重要的事，必須謹慎對待，下一番工夫才行。曾國藩就深知這一點。

曾國藩文章高妙，所以奏牘也非他人可及。據研究，他的奏稿也分不同時期，有顯著變化。總的特點是：明快簡練、凝重沉穩；但前期的奏稿顯得戇直、激切、倔強；後期，即西元一八五八年重新出山以後，其特點則變為綿裡藏針、縝密老到、平淡質實。西元一八五八年是他仕途變化最明顯的一年，經此番風波，他漸趨謹慎，在奏牘中也充分表現了出來。

當時能向皇帝奏事是一種特權，表明這個人已得到皇帝的注重。如何利用好這樣的機會，就要在奏章上下功夫。曾國藩頻頻教導手下，在奏牘上一定要謹慎行事。同治元年（西元一八六二年）正月，曾國藩讀了洪亮吉的〈上成親王書〉，此人就因為上了這一奏牘，被發配。曾國藩讀後說，其實也沒有什麼犯忌諱的地方，儘管如此，尚且遭此大禍，可見奏牘不可不慎啊。

同治五年（西元一八六六年）十一月，鮑超獲准向朝廷直接奏事，自以為騰達之日可待，很是興奮。曾國藩卻以自己的教訓為例，告誡他要謹慎行事。他在信中說：「你雖然可以向上進言，但須十分謹慎，不可亂說一句。若進言之詞任意妄言，你若說錯了話，不但皇上以後都不准你再進言，而且還要治你的罪。」

第二年五月，曾國藩又以此教訓了曾國荃一番。曾國荃剛獲得單銜奏事權，就彈劾滿臣官員，捅了馬蜂窩，所以曾國藩再三告誡他寫奏牘不可不慎。他說：「我的一些同僚權高位重，但他們在寫奏摺時仍是處處小心謹慎，不敢有半點妄言之詞，他們書寫奏摺不求能夠得到皇上什麼賞賜，只是求得保全自己罷了。」

【這段對話的關鍵是什麼？】

曾國藩在對上級彙報上，以其超凡的文才和對上級心理的深諳而在官場上由始至終無甚大虞，這對於現代社會的我們來說，應引以借鑒。

作為下屬在向主管彙報工作之前，要充分考慮到當日當時主管的心境，要懂得在適當的時刻抓住有利的時機向主管做請示彙報，而且做請示彙報時的一定要注重向主管說明當前工作的具體的事實情況，謹記不要輕易的表明自己對工作的主觀的看法，這樣主管在掌握具體真實的情況後，自然會做出公正的批示。

慎言篤行　維護權威

身居要位的上司對面子、威信是極為敏感的，不在其位也許不能從心理上確切的體會到，但說話做事，這種忌諱卻是不可不知！在別人面前，一定要護好他的面子，不能做出傷他尊嚴的言行。否則，就有可能使人遭遇尷尬而無法收場。

陳勝年輕時家境貧寒，靠打長工種地為生。他志向遠大，卻命運多舛，不知道什麼時候才有出頭之日，如千里馬困於槽櫪之間，鬱鬱不得志。

一天，他扔下手中的農具，走到壟上歇息，茫然回顧，倍感悵然，順口說道：「如果我們中間有誰富貴了，燕雀又怎能知道鴻鵠的志向呢！」後來陳勝首先行動，奮起反秦，天下應聲而起。陳勝軍隊日益壯大，於是自立為王。他的那些雇工朋友們聽說了，都想占點便宜，就冒著戰火來投奔他。到了宮門前，一齊敲打宮門，口中喊道：「我們要見陳勝！」守衛見這些人衣衫襤褸，面目黧黑，又直呼大王的名字，就想綁起他們。後來陳勝整駕出門，讓他們同車回宮。宮中一班官吏，左看右看不順眼，但又礙著是陳勝故人，只好大酒大肉讓他們大吃大喝一通。有些喝醉了的拍案狂呼起來：「陳勝呀，陳勝，真想不到你還有今日。」於是你一言我一語的將陳勝當年的可笑往事都扯了出來。宮中有人將這些有損王威的言論報告給了陳勝。最後陳勝下令一律斬首。

「人活一張臉，樹活一張皮」。而領導者尤其如此，他會很在乎下屬對自己的態度。如果你不懂得這一點而任意的衝撞上司，那就會像曾經和陳勝一起做工的那些人一樣，遭遇尷尬不說，還可能帶來性命之憂。

從歷史上看，因為不識時務、不看上司的臉色行事而倒楣的人並不在少數，也有一些忠心耿耿的人因衝撞了上司而備受冷落。現實中，有一些人有意無意的使上司丟臉、損害上司的權威，傷了上司的自尊心，因而經常遭到受冷落的報復。須知，即使很英明、寬容、隨和的上司也很希望下屬維護自己的權威。

唐太宗李世民是以善於納諫著稱的賢君，但也常常對魏徵當面指責他的過錯感到生氣。一次，唐太宗宴請群臣時酒後吐真言，對長孫無忌說：「魏徵以前在李建成手下做事，盡心盡力，當時確實可惡。我不計前嫌的提拔任用他，直到今日，可以說無愧於古人。但是，魏徵每次當不贊成我的意見時，我說話他就默然不應，他這樣做未免太沒禮貌了吧？」

長孫無忌勸道：「臣子認為事不可行，才進行勸諫；如果不贊成而附和，恐怕給陛下造成其事可行的印象。」太宗不以為然的說：「他可以當時隨聲附和一下，然後再找機會陳說勸諫，這樣做，君臣雙方不就都有面子了嗎？」

【這段對話的關鍵是什麼？】

唐太宗的這番話流露出他對尊嚴、面子的虛榮的關注，反映了上司的共同心理。每個領導者都酷愛面子，視權威為珍寶，很在乎下屬對自己的態度，往往以此作為考驗下屬對自己尊不尊重的一個重要「指標」。

上司和部下的價值觀念存在很大的差異，如果能充分認識到人與人之間具有不同的價值觀，多從上司的心理、利益出發考慮問題。就一定能與你的上司建立穩固和諧的上下關係。

功歸於上　甘當綠葉

當你在工作中做出一定的成績後，應懂得用自然而巧妙的語言把自己取得的成績和榮譽歸功於上司。這樣做，能顯示你自己慷慨大方的品質和對上司的忠誠，這在上司的心中會留下一個好的印象，而且通常這會換來他同樣的回報。

龔遂是漢宣帝時代一名能幹的官吏。當時渤海一帶災害連年，百姓不堪忍受飢餓，紛紛聚眾造反，當地官員鎮壓無效，束手無策，宣帝派年已七十餘歲的龔遂去任渤海太守。

龔遂單車簡從到任，安撫百姓，與民休息，鼓勵農民墾田種桑，規定農家每口人種一株榆樹，一百棵菱白，五十棵蔥，一畦韭菜，養兩口母豬，五隻雞。對於那些心存戒備，依然帶劍的人，他勸喻道：「幹麼不把劍賣了去買頭牛？」經過幾年治理，渤海一帶社會安定，百姓安居樂業，溫飽有餘，龔遂名聲大振。

於是，漢宣帝召他還朝。他有一個屬吏王先生，請求隨他一同去長安，說：「我對你會有好處的！」其他屬吏卻不同意，說：「這個人，一天到晚喝得醉醺醺的，又好說大話，還是別帶他去為好！」龔遂說：「他想去就讓他去吧！」

到了長安後，這位王先生終日還是沉溺在醉鄉之中，也不見龔遂。可有一天，當他聽說皇帝要召見龔遂時，便對看門人說：「去將我的主人叫到我的住處來，我有話要對他說！」

一副醉漢狂徒的嘴臉，龔遂也不計較，還真來了。王先生問：「天子如果問大人如何治理渤海，大人當如何回答？」

龔遂說：「我就說任用賢才，使人各盡其能，嚴格執法，賞罰分明。」

王先生連連擺頭道：「不好！不好！這麼說豈不是自誇其功嗎？請大人這麼回答：『這不是微臣的功勞，而是天子的神靈威武所感化！』」

龔遂接受了他的建議，按他的話回答了漢宣帝，宣帝果然十分高興，便將龔遂留在身邊，任以顯要而又輕閒的官職。

事例中的龔遂經屬吏對人的心理的明示，而將功績歸於漢宣帝，而使自己的晚年更加有了著落。

如果自以為有功便忘了上司，特別容易招惹上司嫉恨，這對於自己的發展來說是非常不利的。在上司面前表白自己的功勞雖說合理，但卻不合人情、心理的捧場之需，是很不明智的。而如果你懂得上司喜歡被人誇耀的心理，那結果就會對你非常有利了。

三國末期，西晉名將王濬於西元二八〇年巧用火燒鐵索之計，滅掉了東吳。三國分裂的局面至此方告結束，國家又重新歸於統一，王濬的歷史功勳是不可埋沒的。豈料王濬克敵制勝之日，竟是受讒遭誣之時，安東將軍王渾以不服從指揮為由，要求將他交司法部門論罪，又誣王濬攻入建康之後，大量搶劫吳宮的珍寶。

這不能不令功勳卓著的王濬感到畏懼。當年，消滅蜀國，收降後主劉禪的大功臣鄧文，就是在獲勝之日被讒言誣陷而死，他害怕重蹈鄧文的覆轍，便一再上書，陳述戰場的實際狀況，辯白自己的無辜，晉武帝司馬炎倒是沒有治他的罪，而且力排眾議，對他論功行賞。

可王濬每當想到自己立了大功，反而被豪強大臣所壓制，一再被彈劾，便憤憤不平，每次進見皇帝，都一再陳述自己伐吳之戰中的種種辛苦以及被人冤枉的悲憤，有時感情激動，也不向皇帝辭別，便憤憤離開朝廷。他的一個親戚范通對他說：「足下的功勞可謂大了，可惜足下居功自傲，未能做到盡善盡美！」

王濬問：「這話什麼意思？」

范通說：「當足下凱旋歸來之日，應當退居家中，再也不要提伐吳之事，如果有人問起來，你就說：『是皇上的聖明，諸位將帥的努力，我有什麼功勞可誇的！』這樣，王渾能不慚愧嗎？」

王濬按照他的話去作了，讒言果然不止自息。

【這段對話的關鍵是什麼？】

事例中的王濬接受了勸告，把功勞讓給上司，是明智的捧場，保險的自保。

每當你在工作中取得一點點成績的時候，千萬不要居功自傲，自以為是。越是這時你越應當注意到你的上司的心理變化，千萬不要讓他認為你是個目中無人的傢伙。會說話的下屬並不是消極的給上司保留面子，而是在一些關鍵時候、「露臉」的時刻給上司爭面子，給上司錦上添花，多增光彩，取得上司的賞識。

察言觀色　上下兼顧

察言觀色是一切人際關係中操縱自如的基本技術。不會察言觀色，等於不知風向便去轉動舵柄，弄不好還會在小風浪中翻了船。言辭能透露一個人的品格，表情眼神能讓我們窺測他人內心，衣著、坐姿、手勢也會在毫無知覺之中「出賣」它們的主人。言談能告訴你一個人的地位、性格、品質及至流露內心情緒，因此善聽弦外之音是「察言」的關鍵所在。

漢元帝劉奭上臺後，將著名的學者貢禹請到朝廷，徵求他對國家大事的意見。這時，朝廷最大的問題是外戚與宦官專權，正直的大臣難以在朝廷立足，對此，貢禹不置一詞。他可不願得罪那些權勢人物，只給皇帝提了一條，即請皇帝注意節儉，將宮中眾多宮女放掉一批，再少養一點馬。其實，漢元帝這個人本來就很節儉，早在貢禹提意見之前就已經將許多節儉的措施付諸實施了，其中就包括裁減宮中多餘人員及減少御馬，貢禹只不過將皇帝已經做過的事情再重複一遍，漢元帝自然樂於接受。於是，漢元帝便博得了納諫的美名，而貢禹也達到了迎合皇帝的目的。

司馬光對貢禹的這種作法很不以為然，他批評說：「忠臣服侍君上，應該要求他去解決國家所面臨的最困難的問題，其他較容易的問題也就迎刃而解了；應該補救他的缺點，他的優點不用說也會得到發揮。當漢元帝即位之初，向貢禹徵求意見時，他應當先國家之所急，其他問題可以先放一放。就當時的形勢而言，皇帝優柔寡斷，讒佞之徒專權是國家亟待解決的大問題，對此，貢禹一律不提。恭謹節儉是漢元帝的一貫心願，貢禹說個沒完沒了，這算什麼？如果貢禹不了解國家的問題，他算不上什麼賢者，如果知而不言，罪過就更大了。」

司馬光不明白，古代的帝王在即位之初或某些較為嚴重的政治關頭，時常要下詔求諫，讓臣下對朝政或他本人提意見，表現出一副棄舊圖新、虛心納諫的樣子，其實這大多是一些故作姿態的表面文章。有一些大臣卻十分認真，不知輕重的提了大堆意見，這時常招來嫉恨，埋下禍根，早晚會招來帝王的打擊報復。但賈禹卻十分精明，專揀君上能夠解決、願意解決甚至正在著手解決的問題去提，而迴避重大的、急需的、棘手的問題，這樣避重就輕，避難從易，避大取小，既迎合了上意，又不得罪人，表明他做官的技巧已經十分圓融老道。

在歷史上善於察言觀色的大臣有很多：

唐高宗李治將要立武則天為皇后，遭到了長孫無忌、諸遂良等大批元老重臣的反對。一天，李治又要召見他們商量此事，諸遂良說：「今日召見我們，必定是為皇后廢立之事，既然皇帝決心已定，臣要是反對，必有死罪。我既然受先帝的顧托輔佐陛下，不拼死一爭，還有什麼面目見先帝於地下！」

李勣同長孫無忌、諸遂良一樣，也是顧命大臣。但他看出，此次入宮凶多吉少，便藉口有病躲開了；而諸遂良由於面折廷爭，當場便遭到武則天的切齒斥罵。

過了兩天，李勣單獨謁見皇帝。李治問他：「我要立武則天為皇后，諸遂良堅持認為不行，他是顧命大臣，若是這樣極力反對，此事也只好作罷了。」李勣明白，反對皇帝自然是不行的，而公開表示贊成又怕別的大臣議論，便說了一句滑頭的話：「這是陛下家中的事，何必再問外人呢！」這句回答真是巧妙，既順從了皇帝的意思，又讓其他大臣無懈可擊。李治因此下定了決心，武則天終於當上了皇后。反對派長孫無忌、諸遂良都遭到了迫害，只有李勤官運一直亨通。

【這段對話的關鍵是什麼？】

事例中的李勤懂得適應各種主子、上司和完全不同的政治環境、氣候，根據上司的心理不斷改變自己的政治主張、傾向，保證了官運的順暢無阻。

善於察言觀色是捧場至關重要的基本功。要投其所好，及時變色，而不知道上頭的心理和意圖，說不定會拍錯了馬屁，「偷雞不成反蝕一把米」。

與同事說話↓寬容策略

世界上最寬闊的是海洋，比海洋更寬闊的是天空，比天空更寬闊的是人的胸懷。

寬容是一種非凡的氣度、寬廣的胸懷，是對人對事的包容和接納。寬容是一種高貴的品質、崇高的境界，是精神的成熟、心靈的豐盈。寬容是一種仁愛的光芒，無上的福分，是對別人的釋懷，也是對自己的善待。寬容是一種生存的智慧、生活的藝術，是看透了社會人生以後所獲得的那份從容、自信和超然。

幽上一默　和諧人際

在攀登事業頂峰的途中，困難是難免存在的，但是如果你具有幽默的口才，能懂得人的一些微妙的心理，你將在事業上左右逢源，贏得別人的信任和喜歡，你的事業也會獲得更好的發展。

恰如其分的運用幽默，主動熱情的與周圍的人交往，它同良好的儀態舉止一樣，能夠使你順利、迅速熟悉和了解同事，為自己的事業大開方便之門。

N君是服務於日本最大廣播電視臺的首席播音員，這裡的其他播音員也都是高手。每年夏季，這家廣播電視臺都有四五個新人員。許多新人員初來乍到，往往感到緊張，然而是N君的幽默使這些新的人員很快的放下緊張的狀態。

一天，N君對一位新同事說：

「喂，相川，你過來一下。」

「是的。」

「你既然能被本臺錄用，想必基本常識一定不錯吧？」

「啊，是的，我想至少……不過……」

「好，你簡單說出日本的三大牌坊。」

這時，相川顯得非常緊張，心中七上八下的，怦怦直跳。經過一番思忖，相川終於鼓起勇氣：「安芸的宮島牌坊。」「還有呢？」「伊勢的大神宮牌坊。」「還有呢？」「嗯，還有……還有……」「還知道嗎？」「唔，真不好意思，我一下子想不起來……」相川提心吊膽，直冒冷汗。

N君突然笑道：「告訴你吧，我所謂的三大牌坊就是威士忌（兩名詞的日語發音相同）」頓時，屋內笑聲一片，相川也不禁輕鬆的笑出聲來。

經過這場玩笑，新人員對N君的個性有所了解，並對他平易近人的態度留下了深刻的印象，他的事業也因為大家默契配合而走向輝煌。

【這段對話的關鍵是什麼?】

在別人有尷尬或緊張的心理時，運用幽默，能使人萌生勇氣，激發他們去克服困難或至少可以緩解當時的緊張氣憤，這一點，N君就運用得恰到好處。

運用幽默是為了發展和諧的人際關係，為了給自己或他人樹立健康愉快的心理狀態，為了自己被別人了解和了解別人，從這個角度出發，幽默的力量才能成為事業成功的加速器。如果你像故事中的N君那樣運用幽默，那你和你的事業將會永遠立於不敗之地。

難得糊塗　不計得失

糊塗常指不明事理的人和事，例如罵人是糊塗人，糊塗東西、糊塗蟲，這是人的一種情態。難得糊塗是一種人生境界。是人屢經世事滄桑之後的成熟和從容。這種糊塗與不明事理的真糊塗截然相反，它是人生大徹大悟之後的寧靜心態的寫照。

裴遐是晉代地方長官，他與東平將軍周馥是十分要好的朋友。有一次，裴遐到周馥家中做客，周馥立即吩咐下人沏茶。落座不久，裴遐和人下起圍棋來，周馥的家人前來敬酒，裴遐正玩在興頭上，全部精力都集中在棋盤上，所以，他將遞過來的酒擱在一旁，沒有及時喝下去。這可氣壞了家人，他有意的順手用力推了裴遐一下，裴遐一個沒注意，硬生生的從椅子上跌下來倒在地上。裴遐若無其事的爬起來，仍舊回到座位上繼續下棋，舉止不變，神態安詳，好像什麼事也沒發生。王衍後來問裴遐，在當時那種情況下，為什麼沒有反應？裴遐回答說：「因為當時我很糊塗。」

【這段對話的關鍵是什麼？】

裴遐以寬宏的度量，並以假裝糊塗的方式化解了一場即將發生的衝突，然後又神情安然的繼續做客下棋。

與同事相處也應保持寬宏的心態。只有與同事同心協力，才會較容易獲得事業的成功，也就是說和同事說話做事是有一定技巧的，比如：對知己者應「朋心如水」，對談得來、過得去者應多幾分熱情和誠懇，對逆我者應多幾分理解和自責。明白了這一點，才會與同事相處融洽。

善於讚美　贏得人心

喜歡聽別人讚美是人的天性之一，每個人都會對來自社會或他人的得當讚美，而感到自尊心和榮譽感得到滿足。而當我們聽到別人對自己的讚賞，並感到愉悅和鼓舞時，不免會對說話者產生親切感，彼此之間的心理距離縮短、靠近。人與人之間的融洽關係就是從這裡開始的。

美國管理專家查爾斯．施瓦布被認為是一個鋼鐵界的奇才，他當時每天可以領取三千多美元的酬薪，年薪資為一百萬美元。人們都不能理解他是怎樣做到的，認為他是個天才。但事實上，查爾斯．施瓦布自己則這樣認為：

「我認為我所擁有的最大財富就是我能夠激起人們極大的熱誠。要激起人們心目中最美好的東西，其方法就是去鼓勵和讚美。我從來不指責任何人，我信奉激勵才能使人工作。所以我總是急於表揚什麼而最恨吹毛求疵。如果我喜歡什麼東西，那就是誠摯的讚揚別人。」

「在我們的社會交往中，我在世界各地見到過許多偉人和普通人，我發現無論是誰，不管他的身分多高、多重要，他在讚揚面前總比在批評面前工作得更好，花費的精力更小。」

施瓦布成功的祕訣就是在公開或私下的場合讚美別人。讚美可以使人奮發向上，促使一個人走向光明的路程，是前進的動力。

在職場交際中，真誠的讚揚和鼓勵，基本上能滿足對方要求得到肯定的心理，使人終身難忘。其實，說一句簡單的讚美話，實在不是一件很難的事情。只要你願意並留心觀察，處處都有值得讚美的地方，適時的說出來，會產生意想不到的效果。

法國總統戴高樂一九六〇年訪問美國時，在一次尼克森為他舉行的宴會上，尼克森夫人費了很大的勁布置了一個美觀的鮮花展臺：在一張馬蹄形的桌子中央，鮮豔奪目的熱帶鮮花襯托著一個精緻的噴泉。精明而又善解人意的戴高樂將軍一眼就看出這是女主人為了歡迎他而精心設計製作的，於是他脫口稱讚道：「夫人，您一定為舉行這次宴會花了很多時間吧，要不然不會有這麼漂亮而雅致的布置。」

尼克森夫人聽了，十分高興。事後，她對別人說：「大多數來訪的大人物要麼不加注意，要麼不屑為此向女主人道謝，只有戴高樂將軍能想到別人的需要。」在以後的歲月中，無論法、美兩國之間發生了什麼事，尼克森夫人始終對戴高樂將軍保持著一份良好的印象。由此可見，一句簡單的讚美的話，會給人帶來多麼好的反響。

【這段對話的關鍵是什麼？】

心理學家威廉姆．傑爾士說過這樣一句話：「人性最深切的需求就是渴望別人的欣賞。」適當的讚美對方，會增強彼此間和諧、溫暖和美好的感情。這從尼克森夫人對戴高樂將軍的良好印象中可見一斑。

讚美也可用在同事之間，職場上的各種關係錯綜複雜，同事與同事之間，常常會因各種小事而起摩擦，這時，讚美就是必不可少的「潤滑劑」了。就算是在最友善的、最單純的人際關係中，稱讚和讚揚也是必要的，正如潤滑劑對輪子是必要的，它可以使輪子轉得更快。

我們既想客觀的了解自己，又想得到好評。如果我們的長處得到別人的肯定，我們就會感到自我價值得到了確認，從而產生「自己人效應」。要知道，心理上的親和，也就是別人把你當成「自己人」的開始。

耳聽為虛　切莫妄言

猜疑就是無端對一些自己並未完全了解的事情進行各種設想、猜測，並逐步形成自己的想法，並信以為真。猜疑是人性的弱點之一，歷來是害人害己的禍根，是卑鄙靈魂的夥伴。一個人一旦掉進猜疑的陷阱，必定處處神經質，事事捕風捉影，對他人失去信任，對自己也同樣心生疑竇，損害正常的人際關係，影響個人的身心健康。

《列子．說符》有這樣一個故事：有個人丟了一把斧頭，猜疑是鄰居的兒子偷的。由於思想上已有了這個先入為主，所以，鄰居兒子的一舉一動，甚至走路的姿勢，臉部的表情，說話的腔調，在他看來，也都像是偷了斧頭的模樣。後來，他在山溝裡挖地時，無意中找到了自己丟的斧頭，以後再看他鄰居的兒子，覺得其舉止、態度，都不像偷斧頭的樣子了。為什麼數日之隔，原先越看越像，現在卻一點也不像了呢？原因就是猜疑心理在發生作用。

有些人產生猜疑心，往往與輕信道聽塗說有很大關係。《三國演義》中的長坂坡一戰，劉備所部被曹軍打得七零八落。正在慌亂之中，糜芳又報告說：「趙子龍反投曹操去了！」張飛一聽，便猜疑趙雲背信棄義，立即大怒，要立即過去殺掉趙雲。儘管劉備告誡他：「休錯疑人……子龍此去，必有事故。吾料子龍必不棄我也。」張飛仍是不信，逕自帶領二十鐵騎，到長坂坡尋殺趙雲。其實，趙雲是為了救甘糜二夫人和劉備的兒子阿斗，才匹馬單槍，殺回亂軍之中。幸虧簡雍親眼目睹，並報信給張飛，這才避免了一場誤會。

耳聽為虛，那麼眼見是否就一定為實呢？也不見得。孔老夫子在陳蔡絕糧的時候，有一次親眼看到顏回在煮飯時撈了一把送到了嘴裡，便猜疑顏回偷吃，又是旁敲側擊，又是啟發引導，說這飯很清潔，自己要先祭祖先，顏回忙說：「不可！剛才有灰塵落到了鍋裡，我已經撈出來吃掉了。」這時孔老夫子才恍然大悟，知道自己弄錯了。並由此深有感觸的說：「所信者目也，而目猶不可信；所恃者心也，而心猶不足恃。」並強調指出：「道聽而途說，德之棄今。」

【這段對話的關鍵是什麼？】

在這個事例中，孔老夫子因為猜疑顏回的偷吃行為，而錯怪了顏回，後來經顏回提醒，才頓悟了。不經過事實調查，胡亂猜疑是不可取的。

容易猜疑的人常常是固執己見的人。他們根據自己的一點印象就下結論，妄下斷言，並常常會感情用事，不去作調查了解，也不是理智的作判斷，只是相信自己的猜想與判斷。這對同事之間的和諧相處是不利的。猜疑，導致人心胸狹窄，行為偏激，性格乖決，它把人引入主觀臆想的死胡同，離開客觀的是非標準，以假亂真。因此遇事一定要以事實調查為基礎，克服猜疑心理。

談笑風生　化解矛盾

在人際交往中，要學會和各種人打交道，對每個人都有容忍心。對於有些人，你喜歡也罷、不喜歡也罷，都要成功的和他打交道。即使你厭惡的人，在你和他打交道的時候也不要流露出過多的厭惡。這不是說做人要兩面三刀，而是說要提高對不同人的容忍心。你應該做到落落大方，也不妨與其談笑風生，這樣，相信你的人緣會更好。

美國有一位傳奇式的籃球教練叫佩邁爾，他帶領歐洲迪鮑爾大學的籃球隊曾獲得比賽的三十九次冠軍，使球迷們為之傾倒。可是，他的球隊在蟬聯三十九次冠軍後，遭到了一次空前的慘敗。

比賽一結束，記者們蜂擁而至，把他圍了個水洩不通，並尖銳的問他這位敗軍之將有何感想。面對這一尖銳的問題，佩邁爾並沒有大發雷霆或與記者爭吵，而是微笑著說：

「我感覺好極了，因為現在我們可以輕裝上陣，全力以赴的去爭取冠軍了。我們身上再也沒有冠軍的包袱了。」

在工作中，並不是所有的問題都可以正面作答的，因此，風趣、幽默的語言可以達到緩衝的作用。

美國內戰期間，北方軍隊最初進展受挫，於是林肯便任命年輕有為的格蘭特為全軍的最高統帥。然而，這一任命卻招致了國防部長斯坦頓的不滿，他覺得格蘭特資歷淺卻位於自己之上，心中十分不悅。

有一天，他找到格蘭特，蠻橫的要求格蘭特對這一任命作出解釋。格蘭特不想與他爭執，於是和緩的說：

「我認為只是在軍事方面我的級別比你高而已，但這並不說明什麼。我在很多地方都不如你，部長先生。」

「讓我們一起去見林肯先生吧。」斯坦頓仍舊不服。

「好吧，」格蘭特說，「林肯先生的級別比我們都高。」

於是兩人一同來到了白宮。當斯坦頓說出自己的不滿後，林肯無比幽默的說：

「斯坦頓先生，你在就餐時總不能把一塊牛肉和一隻雞腿同時放到嘴裡吃下去吧？」

聽到這裡斯坦頓先生搖了搖頭笑了笑。林肯先生接著對斯坦頓說：

「我和你同樣迫切的想主持這項工作，但我們都太忙了，在這方面的精力不夠。所以，我特意把格蘭特先生請來減輕我們的負擔。這樣，我們都可以放心了，因為他是當之無愧的。」

聽了這番話後，斯坦頓才意識到自己的無理要求，並對林肯的決定再無異議。此後，斯坦頓與格蘭特在工作上的配合變得非常默契。北方軍隊最終打敗了南方軍隊，格蘭特和斯坦頓都成了美國的英雄。

【這段對話的關鍵是什麼？】

林肯總統的一句合宜的玩笑化解了斯坦頓對格蘭特的不悅與隔閡。可見，偉大人物都是善於運用心理的高手，在這一點上，林肯當之無愧。

在職場人際交往中，常常會遇到否定對方意見的情況，如果說得不好，是一件很失禮又會激發矛盾衝突的事情。而這時運用一些風趣、幽默的語言，就可以增強說理的吸引力和感染力，使對方在抵觸的心理情緒下更容易接受你的意見，在緩和的氣氛中達到使對方心悅誠服的目的。

派系紛爭　保持中立

拉幫結派是人所共有的天性，而這種天性反映在辦公室文化中就變成了各種派系與利益的團體。當我們遇到派系紛爭時，切記千萬不要輕易表達你的心跡，因為那樣往往兩頭不討好，只有保持中立才能明哲保身。

蘇軾在歷任了幾任地方官以後，在熙寧二年（西元一〇六三年）回到了開封，仍在「入直史館」供職。在神宗的支持下，王安石準備實施新法，這樣，在朝廷之上，就形成了新黨和舊黨兩個派系。舊黨是反對變法的，其代表人物是司馬光。新黨是堅決主張變法的，其首領是宰相王安石。由於當時王安石急需選拔支持新法的人，一些見風使舵的勢利之徒趁機而上，騙得了王安石的信任。

在這兩派勢力之間，蘇軾絕不會因為感情去偏向任何一方。即使蘇軾對一方有著感情，他也不會因為私人感情而去掩蓋自己的真實觀點，說出違心之論。但蘇軾覺得王安石不論在具體的改革措施還是在舉薦人才方面，都有許多不妥之處。所以，他對王安石持激烈反對的態度。

司馬光知道了蘇軾的態度以後，非常高興，以為蘇軾是他的一黨，對蘇軾大加稱讚。不久當王安石大張旗鼓的推行經濟方面的新法時，司馬光著急了，他緊急搜羅幫手，想阻止王安石的新法。一天，司馬光找到蘇軾，未經試探，開門見山的對蘇軾說：「王安石敢自行其是，冒天下之大不韙，實在是膽大妄為，我們要聯合起來，一起來討伐他！」

蘇軾笑笑說：「我知道應該怎麼做。」

司馬光以為蘇軾要堅決反對王安石，十分高興，緊接著追問說：「那麼，您打算怎麼辦呢？」

蘇軾十分嚴肅的對司馬光說：「王安石改革時弊，欲行新法，也是為國為民著想，是為公不為私，從大局來看，有值得稱道之處。但其新法，確有禍國殃民之害，我才加以反對。至於你那祖宗之法不可變的準則，比起王安石的新法，更是誤國害民之根！」

司馬光聽了，勃然大怒，高聲罵道：「好個安石之黨！」拂袖而去。從此，司馬光也恨上了蘇軾。

蘇軾知無不言，言無不盡，抱著一顆為國為民也對皇帝負責的赤子之心，在兩個月之內，寫了〈上神宗皇帝書〉、〈再上皇帝書〉，對王安石的新法進行了全面的批評，引起了朝野的震動。王安石的新黨知道了這些，恨得咬牙切齒。王安石還算是個君子，但他手下的那幫黨徒，卻個個摩拳擦掌，準備整治蘇軾。

一天，王安石派謝景溫把蘇軾請來，要與他面對面的做一次「深談」。王安石怒責蘇軾說：「你站在司馬光一邊，排斥新法，是何居心？」

蘇軾一聽，火往上冒，反問道：「你口口聲聲說我站在司馬光一邊，可知我也反對司馬光的泥古不化？你不審時度勢，反倒急功近利，貿然推行新法，必遭天下人之拒。」

就這樣，兩人的談話破裂了。不久，蘇軾被貶到了杭州，任杭州通判。之後不久，王安石被罷免，呂惠卿、李定等人把持了朝政。

【這段對話的關鍵是什麼？】

蘇軾在同僚紛爭中果真是一肚皮的「不合時宜的話」，致使新黨上臺貶他，舊黨上臺也貶他。他的一生命運多舛，並非由於他命運不濟，其根本原因在於他在派系紛爭之中不明白要把持中立，才能不受其害的道理。

思想觀念的迥異，或追求利益的不同，往往在同事之間形成有一定勢力的團體或派系。這些團體和派系之間不時發生摩擦或爭戈，甚至是針鋒相對，你死我活的鬥爭。而在這種複雜多變的形式中，要盡可能的避於其外，不能輕易的表露自己的態度和心跡。否則，就很容易參與到其中，惹火燒身，自食後果。

與下屬說話→期望策略

人，不可能不期而獲。正因為有了期望，才使不可能變成可能。有了期望，就會堅信定能成功。

所有的人都期望著自己的幸福，但在今天這個因科學技術而成為一體的世界上，對自己幸福的希望若不能與他人幸福的希望融為一體，則終將是一種無用的期望。

精神激勵　決勝千里

古人指出「求將之道，在有良心，有血性，有勇氣，有智略」。對於那些本性忠義的下屬，一定要大膽施恩，以鼓勵他的忠心。這樣的話，有良心者，能夠忠心不二，為知遇者捨生忘死；有血性者，能夠有一腔忠心的報國義氣和情懷；有勇氣者，面對強敵而毫無畏懼之心。而忠誠的下屬，如果兼有智略者，更能運籌於帷幄之中，決勝於千里之外。這樣的忠良人才當然人見人愛，人見人用。

那麼怎樣才能使下屬為自己捨生忘死的工作呢？除一定的物質獎勵外，在精神方面的獎賞亦是不可缺少的重要手段。因為誰都不想做平庸之輩，有時候一句激勵的話語會讓下屬銘記在心，並不斷的以此來鞭策自己。

唐肅宗問功臣李泌：「將來天下平定，你打算要什麼封賞？」李泌說：「只要能枕在陛下的大腿上睡一覺就心滿意足了。」肅宗聽後大笑，後來，肅宗駕臨保定，李泌像往常一樣，為肅宗打點好行宮，因久等肅宗不到，就先自躺在自己的床上睡著了。等他醒來睜眼一看，自己居然枕在肅宗的大腿上。李泌大吃一驚，連忙倒地謝罪，肅宗攙住李泌笑問道：「現在愛卿的願望已經實現，天下何時才得平定？」原來，肅宗到來時，見李泌正在酣睡，就悄悄爬上床，把李泌的頭輕輕放在自己的大腿上，肅宗以一條大腿付出片刻之勞，令功臣感激涕零，太值得了。

精神獎勵不在乎有沒有東西或者東西的多少，有些時候一句不經意間的言語也能籠絡人心。

不要一味的注意屬下的過失，事無鉅細加以責備，很容易造成屬下的不滿。只有賞罰分明，同時盡量發現屬下的優點，並給予適當的言語鼓勵，方可使其漸成大氣。

有一個金香蕉的故事頗能給人以啟示。在福克斯波羅公司的早期，急需一項關乎公司命運的技術改造。有一天深夜，一位科學家拿了一臺確實能解決問題的原型機，闖進了總裁的辦公室。

總裁看到這個主意非常巧妙，簡直難以置信，便思考該怎樣給予獎勵。他把辦公桌的大多數抽屜都翻遍了，總算找到了一樣東西，於是躬身對那位科學家說：「這個給你！」他手上拿的竟是一條香蕉。但別看香蕉小卻是他當時能拿得出的唯一獎勵了。

【這段對話的關鍵是什麼？】

從這個事例中可以看出，獎勵不分多少，都能給人以激勵。特別是在精神上給予下屬的獎勵，說得實在一點，因為它是一種榮譽，是固定收入以外的額外收入，是同等價值或者同等物品不能替代的五彩光環，是一個人成功的標誌。

言語的激勵是對一個人工作、能力、才幹及其他積極因素的肯定，它能滿足人們自尊的需要。那麼毋庸置疑，精神獎賞則是激勵人們奮發圖強的興奮劑。它能在基本上讓下屬獲得滿足感，並讓其有繼續努力奮進的信心和動力。

顧及場合　講究方式

顧及場合是批評的一種藝術。它既能使下屬對自己的錯誤有深刻的懺悔，也能避免下屬的反向心理。

古時候有位俠客，他的屬下有近千人，一次，朋友問他：「有那麼多的弟子仰慕你、跟隨你，你有什麼祕訣呢？」

他回答說：「我的祕訣是，當我要責備某位犯錯誤的弟子時，一定叫他到我的房間，在沒有旁人的場合才提醒他，就是如此。」

設想一下，假若員工因為被你當眾責罵而覺得下不了臺，抱著橫豎都挨責備的心理，一反常態的和你爭吵起來，甚至把本公司一些不該為外人知道的東西也抖出來，當主管的本來是為保全自己的「面子」，如此一來，豈不是連「面子」也保不住了嗎？

另外，批評的方法也是多種多樣的，要使在批評過程中，既能緩解緊張的情緒，創造輕鬆的氛圍，增進相互間的感情交流，又能達到教育的目的，不妨採用幽默式的方法。

伏爾泰曾有一位僕人，有些懶惰。一天，伏爾泰請他把鞋子拿過來。鞋子拿來了，但布滿汙泥。於是伏爾泰問道：「你早晨怎麼不把它擦乾淨呢？」「用不著，先生。路上盡是泥汙，兩個小時以後，你的鞋子又要和現在一樣髒了。」

伏爾泰沒有講話，微笑著走出門去。僕人趕忙追上說：「先生慢走！鑰匙呢？食物櫃上的鑰匙，我還要吃午餐呢。」

「我的朋友，還吃什麼午餐。反正兩個小時以後你將和現在一樣餓嘛。」

【這段對話的關鍵是什麼？】

伏爾泰巧用幽默的話語，批評了僕人的懶惰。如果他厲聲喝罵，命令他，那效果就可能適得其反了。

幽默式批評過程中，使用富有哲理的故事、雙關語、形象的比喻等，以此緩解批評時緊張的情緒，啟發批評者思考，從而增進相互間的感情交流，使批評不但達到教育對方的目的，同時也創造出輕鬆愉快的氣氛。

要使下屬從根本、從內心認識到自己的錯誤，作為主管，在批評下屬時要充分顧及到批評時的場合和批評的具體方式。這樣，在避免下屬接受批評產生反向心理的同時，也「照顧」了下屬的顏面。在此基礎上領導者要從深挖錯誤的原因，曉之以理，動之以情，循循善誘，才能逐步幫助下屬從內心認識到並改正錯誤。

下屬糾紛　公平處理

下屬之間產生矛盾反映到主管面前，兩方所講的必然有出入，那就要由你去斷定是非了，他們的心裡都想從你這裡聽到句「公道話」，一旦分出了黑白，你最好心中有數，不要公開指出誰是誰非，而應採取一定的方式、方法，以免進一步影響當事人的感情和形象。

在二次世界大戰時，松下電器公司的下屬曾一度分成了新舊兩派，兩派時有摩擦，這種情況直接影響到公司的發展。松下的領導者萬分著急。

如何才能圓滿解決這種問題?松下的領導者先了解問題所在。一般新踏足社會的年輕人，多少會自以為是，因為覺得學歷勝人一籌，又多新主意，不懂尊重舊同事。而已工作多年的同事，經驗十足，但有部分會倚老賣老，視新人為黃毛小子，乳臭未乾，不屑一顧。

松下的領導者認為其實雙方均有一定的責任。不妨當眾讚賞舊同事們的經驗老到，亦對新人的衝勁十足表示欣賞。還有，松下的領導者還故意的多製造大家一起消遣、娛樂的機會，尤其是業餘時間。以促進雙方的了解，藉以拉近距離，消除敵意。

松下公司的領導者見有人「犯眾怒」，受到其他同事集體攻擊。不單工作上不合作，有時候，還會在背後竊竊私語，令工作氣氛十分不融洽。

松下公司的領導者深知要改變此種情況，是頗為棘手的，一則不能偏袒一方，二則亦不可以強施壓力，否則必會弄巧成拙，製造更多更大的麻煩。

最後他們終於想出了比較圓滿的解決方法：分別向兩方進行了解，並且採取「非官式」態度，跟他們「談心」，旁敲側擊的了解不滿者的牢騷，同時發掘被攻擊者受爭議的關鍵所在，然後再進一步解決。

在閒談間松下公司的領導者語重心長的對各方的員工說：「每個人的工作作風不同，初期合作，容易有摩擦，但並不表示中間一定有嫌隙，凡事不要先入為主，情況必然明朗得多。」

對被攻擊者，松下公司的領導者則私下勸喻：「看來你對我們工作的程序不大清楚，如果有什麼疑問，請先跟我說，拖延下去，可能影響到其他的同事。」經過如此的調解，松下的全體員工合作的非常融洽，公司發展又走上了正軌。

【這段對話的關鍵是什麼？】

在這個事例中，對於下屬的糾紛，松下的領導者及時覺察並根據雙方的內心期望，站在雙方的立場上，掌握住公平的分寸，最終解決了雙方的糾紛，使公司又能順利發展。

作為上司，要清楚的知道，在下屬產生糾紛時，糾紛各方都從內心急切的想聽到上司為自己說的「公道話」，這時上司要及時了解實情，分清是非，辨明黑白，做到心中有數，然後再從公司的大局出發有策略、有步驟的安撫各方的衝突心理，使大家不計前嫌，眾志成城，安心、踏實工作。

親和友善　團結一心

歷史上有許多成功的講演者，他們只要一開口，一揮拳，臺下的聽眾就群起擁護，揮拳高呼，群情激昂，情不自禁。

他們之所以能和聽眾結成一體，是他們所用的詞、態度或所說的話都是及其具有親和力的，都不是以「我」為中心，而是與聽眾「同呼吸、共命運」，因此聽眾對他所說的話能深植在心裡，容易引起共鳴。他們常說「我們這種表現」，由於不是說「我」，而是說「我們」，使聽眾們產生「命運與共」的意識。

玫琳凱公司是一家知名的化妝品公司。為了擴大自己公司產品的影響，玫琳凱女士自己用的化妝品都是公司所生產。她也不建議公司職員使用其他公司的化妝品。因為她不能理解凱迪拉克轎車的推銷員開著福特轎車四處遊說、人壽保險公司的經理自己不參加保險。那麼，她是如何同職員交流這一想法的呢？

有一次，她發現一位經理正在使用另外一家公司生產的粉盒及唇膏。她藉機走到那位經理桌旁，微笑的說道：「老天爺，你在做什麼？你不會是在公司裡使用別的公司的產品吧？」她的口氣十分輕鬆，臉上洋溢著微笑。那位經理的臉微微的紅了。幾天後，玫琳凱送給那位經理一套本公司的口紅和眼影膏並對她說：「如果在使用過程中覺得有什麼不適，歡迎你及時告訴我。先謝謝你了。」再後來，公司所有的新老員工都有了一整套本公司生產的適合自己的化妝品和護膚產品。玫琳凱女士親自做了詳細的使用示範。她還告訴員工，以後員工在購買公司的化妝品時可以打折。

玫琳凱親和的態度，友善的口語表達，使她自然的與員工打成一片，成功的灌輸了她正確的經營理念。

【這段對話的關鍵是什麼？】

上述故事進一步向我們展示了親和力的現實意義，也告訴我們親和力不是巴結和獻媚，它更是一種心與心的平等和互惠。事實證明，如果在分工精細的企業中，上司與下屬團結一心、配合默契，往往會事半功倍，而要做到這些首先你必須對你的下屬做到親和友善。這樣才能贏得下屬的信賴。

那麼如何與比較固執的夥伴在工作上互相配合，使這種人按照自己的意圖做事呢？最好的辦法，就是在說話時使用「我們」兩字，使他們感覺彼此有共同點。因為大凡這類下屬的對上級都很敏感，歸屬意識也比較弱，所以應巧妙運用「我們」，以便解除下屬的心理防線，進而使其同上級的態度保持一致。

降低姿態　拉近距離

主管賣弄權勢，等於出賣自己的無知；主管賣弄富有，等於出賣自己的人格。擺架子的人，不僅主管關係處理不好，群眾關係也處理不好。

下面的這個事例也許會對你處理上下級的關係有所啟發：

某位美國總統，在慶祝自己連任時開放白宮，與一百多個小朋友親切「會談」。十歲的約翰問總統，小時候哪一門功課最糟糕，是不是也挨老師的批評。總統告訴他：「我的品德課不怎麼好，因為我特別愛講話，常常干擾別人學習。老師當然要經常批評的。」

他的回答，使現場氣氛非常活躍。

後來有一位叫瑪麗的女孩，她來自芝加哥的一個貧民區。她對總統說，她每天上學都很害怕，因為她不知道會發生什麼事情，害怕路上遇到壞人。

此時，總統收起笑容，嚴肅沉重的說：「我知道現在小朋友過的日子不是特別如意，因為有關毒品、槍枝和綁架的問題政府處理得不理想——我願意你好好學習，將來有機會參與到國家的正義事業之中。也只有我們聯合起來和壞人對抗，我們的生活才會更美好。」

【這段對話的關鍵是什麼?】

上述故事中的總統對談話對象心理的研究以及他所採取的低姿態，很值得我們在生活和工作中學習。

這位總統的話緊緊抓住了小朋友的心，使小朋友從心裡面認為總統和他們是好朋友。即使場外的大人們看到這樣的對話場面，也會感到總統是一個親切的人。從心理學角度分析，這位總統展現的不僅是親和的說話和動作，更是人際關係中「同理心」的特質。他利用這種特質，透露給小朋友他的過去和他們一樣，也常被老師批評，但只要經過自己的努力，也會成長為有用的人。總統在認同小朋友對社會治安擔心時，還鼓勵小朋友參與正義事業，那樣，正義者的力量會更大。這樣的談話使小朋友發現，總統是和他們生活在一個國家裡，站在一個立場想問題。

當作為領導者與下屬談話時，主動表示親和或者採用適當的低姿態會滿足下屬的自尊心理需求，是會非常受歡迎的。一個好的主管只有與下屬打成一片，才能受到下屬的擁戴，才能把工作做得更好。不擺架子就是不高高在上，這是一種主管藝術，它能使主管與被領導者之間拉近距離，使下級覺得主管平易近人，從而對主管越發的尊重。

籠絡人心　勇擔責任

做下屬的最擔心的就是做錯事，尤其是費了九牛二虎之力後卻依然闖了大禍的事，因為隨之而來的便是懲罰問題、責任問題，然而生活原本就是一連串的過失與錯誤，再仔細、再聰明的人也有陰溝翻船的時候。可翻了自己的小船便也罷了，而一旦不小心捅漏了多人共同謀生的大船，也就真有可能弄個「吃不了兜著走」的下場。因此，沒有哪個人不害怕擔責任的。

一九七七年一月二十日這一天，吉米．卡特總統在宣誓就職、發表演說之後，出人意外的步行回到他在白宮的家裡。在這樣一個人人都有時刻不忘安危的城市裡，這位新總統在他的妻子羅莎林和女兒埃米的陪同下，自由自在的漫步於賓夕法尼亞大街，這一場面可謂令人注目。總統的步行使他的就職演說更加富有戲劇色彩。透過行人徒步區，卡特決心促使美國人民重新獲得信任感。

卡特在任內取得一系列內政與外交成就，但因貿然下令特種部隊發起「藍光行動」拯救在伊朗的美國人質遭到慘敗，令他在選民中的聲望一落千丈。但隨後，在任的美國總統卡特立即在電視機裡做了「一切責任在我。」的電視聲明。

在此之前，美國人對卡特的評價並不是很高。有人甚至評價他是「誤入白宮的歷史上最差勁的總統」，但僅僅由於這一句「一切責任在我。」，支持卡特的人居然驟增了百分之十以上。一九八〇年他爭取連任敗給雷根，但他從未放棄拯救人質的努力，伊朗最終在卡特離開白宮那一天釋放了所有人質。

【這段對話的關鍵是什麼？】

卡特總統的例子充分說明，下屬及群眾對一個上級者的評價，往往決定於他是否有責任感。試想有一天你不幸闖了大禍，如驚弓之鳥般向上級報告之後，憂心忡忡的挨到第二天，坐到了那個如同「公審大會」的會場上「聽候發落」的時候，上級竟如卡特總統般眾目睽睽之下擲的有聲的來了句：「一切責任在我！」那該是何種心境？

所以，懂得如何籠絡人心的上級，在下屬闖禍之後，首先會冷靜的檢討一番自己的言行，然後將下屬叫來，心平氣和的分析整個事件，告訴下屬錯在何處，最後重申作為下屬的宗旨：即每一個下屬做事都該全力以赴，漫不經心、應付差事是要受懲罰的。當然，還要讓下屬明白，無論如何，自己永遠是他們的後盾。只有勇於把責任承擔下來的上級，才能使下屬心服口服外加佩服。

那種不分青紅皂白，無論下屬的過錯是否與自己有關都大發雷霆，不時強調「我早就告訴你要如何如何」或「我哪裡管得了那麼多」之類言語的上級們，最容易使下屬在對待繼承的事實面前造成口服心不服的排斥心理，從而使上下之間在心理上產生不可彌補的矛盾和隔閡。因此，當下屬在重大的事情上出現疏漏時，作為上級要勇於承擔責任，只有這樣才能是下屬感激你並正視自己的錯誤所在。

體恤下屬　言語傳情

無論是誰，都願意在一個富有人情味的團隊裡工作和生活。這種人情味的注入，首先是該團隊主管的責任，因為主管是否善解人意，是否體恤和關懷下屬，直接決定著這個團隊人性化氛圍的濃度。對於新生代員工來說，他們最在意的，就是別人對他們的態度。而善解人意的背後，正是展現了上司對下屬那份最可貴的尊重。

雍正皇帝在用人的問題上比較開明，他以「賢才」為標準，絕不「唯親」。對臣子的功過也是賞罰分明，體恤有方。

清立國之初，諸王公立下了汗馬功勞，順治皇帝給予他們的獎勵也非常豐厚，下五旗的人員都劃為王府的僚屬。承平日久，諸王公驕橫傲慢的習氣卻絲毫沒有改變，往往對下屬非常殘暴刻薄。

兩廣總督楊琳，是敦郡王的臣屬。有一次，不知是什麼事得罪了敦郡王。敦郡王即派一名宦官至廣州，在楊琳的總督府四處搜索，弄得這位總督無臉見人。

雍正十分痛恨這種為非作歹的行為。他即位之後，就下令宗藩不得與外吏發生聯繫，除每年按例明見外，外吏一般不得私自到諸王府邸拜謁；雍正又撤除了諸王所屬的值宿護軍。這樣，諸王公再也不敢亂動，變得奉公守法了。

雍正雖然對諸王如此嚴厲，對大臣卻十分友善。而且，他在任用大臣時，有自己獨特的視角。

雍正重用鄂文端就是一例。鄂文端擔任內務府的郎官時，雍正還是作為皇子的身分住在藩邸。有一次，雍正有事召見鄂文端，卻遭到了鄂文端的拒絕，並且說：「作為皇子應注意自己的德行，怎麼能同外臣相來往呢？」雍正對他的這番話感觸很深，認為他講得很有道理。後來雍正即位後，馬上就召見鄂文端。關心鄂文端的人很為他擔心，怕雍正會給他小鞋穿。誰知雍正見面後卻告訴他：「從前你以一個郎官的微職，而敢於拒絕皇子的請求，守法不可謂不嚴謹。若為大臣必忠於皇帝，給你個江蘇政使吧！」十年之後，鄂文端又升為宰相，足見雍正對他的器重。

雍正知道，大臣們的薪水很微薄，不足以應付開支。所以設立了「養廉銀」一項，並且每逢節日，都給臣下許多獎賞。當鄂文端召入之時，雍正特地命令海望司空為鄂文端在大市街北建造府第，所有的用具器物全給他準備好。

張文和曾生了小病，等到痊癒，雍正告訴左右說：「我的股肱不舒服，好幾天才痊癒。」一聽說皇上有小恙，大家趕忙來問安，雍正大笑指著張文和說：「這不就是我的股肱嗎？」

【這段對話的關鍵是什麼？】

從上面的典故中不難看出，作為上司要懂得用溫暖的言語來融化下屬冰冷的心。就像雍正對待鄂文端那樣，應從心理和物質上關懷備至，體恤有加。

一個開明的領導者要讓下屬真正為其踏踏實實的工作，應在平時多多用心想想下屬最需要什麼，下屬有什麼困難需要幫助，並要在言語之間流露出對下屬的關切之情，這樣，下屬才能發自內心的感激你並為你效力。

與客戶說話→需求策略

客戶最需要的，也應當是我們最關注的。急客戶所急，想客戶所想，永遠設身處地的為客戶著想，只有這樣，你才能永遠處於不敗之地。

實事求是　令人欽佩

對著日益挑剔的顧客，以何立於不敗之地，以何像魔術似的吸引成千上萬的顧客為你的產品慷慨解囊？靠吹、靠裝、靠矇騙是毫無效果的，或者只能是暫時的「輝煌」。因此，還應以誠信為主要原則。

經營房地產的霍爾默先生，是美國房地產鉅賈。有一次，他承擔了一筆令他煩惱的房地產生意。這塊土地雖然接近火車站，交通便利，但非常不幸，它緊鄰一家木材加工廠，電動鋸木的噪音使一般人難以忍受。幾次開發客戶，都因霍爾默先生難以如實相告而導致最後被客戶拒絕簽訂合同。

霍爾默先生經過考慮和調查，他又找了一位想購買地皮的顧客。這次，他改變以往做法，直截了當的向該顧客說明：「這塊土地處於交通便利地段，比起附近的土地，價格便宜得多了；當然，這塊土地之所以沒有高價賣出，是因為它緊鄰一家木材加工廠，噪音較大。」

霍爾默先生見顧客不言不語，就繼續說：「如果您能容忍噪音，那麼它的交通地理條件、價格標準，均與您的要求非常符合，確實是您理想的購買目標。」

不久，該顧客在霍爾默的帶領下到現場參觀調查，結果非常滿意。他對霍爾默先生說：「上次你特別提到的噪音問題，我還以為很嚴重，那天我去觀察了一下，發現那種噪音對我來說不算什麼問題。我以往住的地方整天大卡車來往不絕，可這裡的噪音一天總共只有幾小時，而且卡車透過並不震動門窗，總之，我很滿意。你這個人挺老實，要換上別人或許會隱瞞這個事實，光說好聽的。你這麼如實相告，反而使我很放心。」

就這樣，他順利的完成了這筆令人頭疼而無人願意接受的房地產買賣。

【這段對話的關鍵是什麼？】

從這個事例中可以看出，客戶的開發單單憑藉一條三寸不爛之舌，說得天花亂墜是不一定成功的。實事求是說出你的商品的優點和缺點有時倒會給你的商品增添一層誘人的光芒，更具有魅力。

靠花言巧語矇騙顧客，其結果只能是一次買賣，容易使自己走進死巷。把商品性能對客戶作某種程度的坦白，先在客戶的心理打下你誠實老實的良好印象，這樣必能獲得顧客的讚許和信任。在客戶信任之餘，他對你的商品的買與不買自然會做出取捨的。而且「買賣不成仁義在」，待日後客戶有需要時，第一個電話會打給令他信任的你的。

發自內心　迂迴表達

如果你對於有些人和事確實是發自內心的，但你若直接表達，有可能會無功而返，碰一鼻子灰。對於這種情況，你應該學會迂迴表達，以切入對方的心理，讓他對你產生良好的印象，覺得你是一個非常值得信賴的人，這樣，你再和他談什麼事情就能輕而易舉了達成了。

美國著名的柯達公司的創始人伊士曼，捐贈鉅款在羅徹斯特建造一座音樂堂，一座紀念館和一座戲院。為了承接這批建築物內的座椅，許多製造商展開了一場激烈的競爭，但是，找伊士曼談生意的商人無不高興而去，敗興而歸，一無所獲。

在這樣的情況下，「伏美座位公司」的經理亞當森前往會見伊士曼，希望能夠得到這筆價值九十萬美元的生意。

亞當森被引進伊士曼的辦公室後，看見伊士曼正埋頭於桌子上的一堆資料，於是他靜靜的站在那裡仔細打量起這間辦公室來。

過了一會兒，伊士曼抬起頭來，發現亞當森，便問道：「先生，有何見教？」

這時亞當森沒有急於談生意，而是說：「伊士曼先生，在我等您的時候，我仔細觀察了您的這間辦公室。我本人長期從事室內的木工裝潢，但從來沒見過裝修得這麼精緻的辦公室。」

伊士曼回答說：「哎呀！您提醒了我差不多忘記了的事情，這間辦公室是我親自設計的，當初剛裝潢好的時候，我喜歡極了。但是後來一忙，一連幾個星期都沒有機會仔細欣賞一下這個房間。」

亞當森走到牆邊，用手在木板上一擦，說：「我想這是英國橡木，是不是？義大利的橡木的品質不是這樣的。」

「是的。」伊士曼高興的站起身來回答說：「那是從英國進口的橡木，是我一位專門研究室內細木的朋友專程去英國為我訂的貨。」

見亞當森與自己非常談得來，伊士曼十分高興，便帶著亞當森仔細的參觀起辦公室來了。把辦公室的所有裝飾一件一件的向亞當森作詳細的介紹，從木質談到比例，又從比例談到顏色的搭配，從手藝談到價格，然後又詳細的介紹他的設計裝潢經過。亞當森微笑著聆聽，饒有興趣。

直到亞當森將要告別之際，倆人都未談到生意。但您想想，這筆生意落在誰的手裡，是亞當森還是亞當森的競爭者呢？

亞當森不但得到了大批的訂單，而且還和伊士曼結下了終生的友誼。為什麼伊士曼會把這筆大生意拱手給了亞當森？這是與亞當森的口才和了解客戶的心理密切相關的。試想，如果亞當森一進入辦公室就談起生意，十有八九也會無功而返。

【這段對話的關鍵是什麼？】

亞當森成功的祕訣何在呢？說起來也許挺簡單，就是他了解談話對象。他從伊士曼的經歷人手，讚揚他取得成就和獨具匠心，使伊士曼的自尊心得到極大的滿足，把他作為知己。這筆生意當然非亞當森莫屬了。

每個人在生活和工作中都有其各自不同的輝煌成就，這一點每個人都會引以為自豪的，只要我們及時發現他們的優點，並加以誠懇的讚揚，定能加深雙方的知心度，使我們與對方迅速融洽起來，那麼生意上的障礙肯定會不攻自破。

欲擒故縱　請君入甕

大凡喜歡看謎語故事的人都有這麼一個感覺，如果一個謎語說得撲朔迷離，就越來越想尋求謎語是否「在本期內找」。人們對事物的態度是，越朦朧越想尋求其清晰。胃口吊得越高，消化得就越好。

一位商人在斯溫斯波羅市兜售一種炊具。他敲了公路巡邏員安徒先生的門，他的妻子開門請他進去。

安徒太太說：「我的先生和隔壁的湯姆先生正在後院，不過我和湯姆太太願意看看你的炊具。」

商人說：「請你們的丈夫也到屋子裡來好嗎？我保證，他們也會喜歡我對產品的介紹。」

於是，兩位太太把兩位丈夫「硬拉」回來。商人當著他們的面作了一次極其認真的烹調表演。他用他所要賣出的那套炊具用文火不加水煮蘋果，然後又用安徒太太家的炊具以傳統方法加水煮，兩種不同方法煮成的蘋果區別非常明顯，於是給兩位太太留下深刻的印象。但兩位先生顯然害怕他們的太太會貿然買下，因而裝作毫無興趣的樣子。

在這種情況下，這位商人就想刺激一下兩位先生的購買欲望。他洗淨炊具，包裝起來，放回到樣品盒裡對他們說：「嗯，多謝你們讓我作了這次表演，我實在希望在今天向你們提供炊具，但我今天只帶樣品，也許你們將來才想買它吧。」

說著，商人起身準備離去。這時，兩位太太立刻對那炊具興趣大增，她們都站了起來，詢問什麼時候才能買到。

安徒先生說：「請問，現在能向你購買嗎？我現在確實有點喜歡那套炊具了。」

湯姆先生也說：「是啊，你現在能為我們提供貨品嗎？」

那廚具商真誠的說：「兩位先生，很對不起，我今天確實只是帶了樣品，而且什麼時候發貨我也無法知道確切的日期。不過，二位請放心，等能發貨時，我一定優先照顧你們兩位。」

安徒先生說：「那麼，說不定你會把我們給忘了。」

機不可失，時不再來。炊具商看到時機成熟了，立刻向他們提出訂貨之事。

「噢，也許為了保險起見，你們最好還是付訂金買一套吧，一旦公司發貨我就給你們運來。不過這可能還要再等一段時間，或者相當長的一段時間。」兩位先生急忙掏錢付了訂金。大約六星期後，產品終於被送到了兩位太太的手中。

【這段對話的關鍵是什麼？】

人們都有這樣一種心理，對於某些東西產生興趣後就想得到它，一旦難以得到，就更覺得渴望和嚮往。這位炊具商正是抓住人的這個心理，以巧妙的言辭成功的運用了「欲擒故縱」法，從而讓顧客「上鉤」∶他們購買商品是自己想要買而不是別人要我買，而且一旦買到，還為自己的努力表示讚賞。

使用「欲擒故縱」方法時，應善於察覺客戶的心理變化，而千萬不能急於求成，不分時間、地點地催促客戶上貨，否則會弄巧成拙，貽誤戰機。

刺激欲望　急人所急

心理學家指出，人的一切行為動機不是為了追求快樂，就是為了逃避痛苦。同時人們為了追求長遠的快樂，會甘願忍受暫時的痛苦；為了逃避長期的痛苦，而能夠放棄眼前的快樂——這就是人性。行銷人員如果能夠透過轉移情緒或心理來引導客戶的人性，讓客戶感覺目前很「痛苦」，只有享受了我們產品才能夠「逃離痛苦」，從而「追求快樂」，銷售的達成就是很簡單的事情了。

美國著名的客戶開發商大衛先生，講了一個他親身經歷的有趣故事。一位中年客戶和他談了十五分鐘後，這位客戶向大衛訂購了一個熱水器和一個新式煤氣灶、一臺電子微波爐，並約定第二天早上八點來取貨。可是第二天，這位客戶卻掛電話給大衛先生說：「不要了。」大衛先生既沒有作罷，也沒有埋怨，他開車前往他家，微笑的質問：「為什麼呢？您昨天不是高高興興的和我閒聊這些炊具的好處嗎？」

「我太太說免了罷，因為用熱水在煤氣灶上燒就可以了，舊有的煤氣灶還可以用……」

「那麼電子微波爐呢？」我太太說：「家裡有電爐，也有火鍋，何必再花那麼多錢。」

他還接著說：「我太太說準備省一些錢給我買一部摩托車。」大衛先生突然打斷他，問道：「對了，您不是剛買一套新樓房嗎？」「不錯啊！」大衛先生繼續問道：「以先生的財力買一部摩托車易如反掌，從前怎麼不買呢？」「那時我太太一直怕我騎摩托車有危險……」

「現在難道就不怕了嗎？」說到這裡，倆人都不禁哈哈大笑。大衛接著又說：「先生，依您的財力和身分，我看買汽車才和您的身分相配啊！德國的『賓士』、美國的『福特』、日本的『豐田』，七八萬就可買到八四或八五式。有了汽車，不但會提高您的身價，而且事業會取得更大的成功……您希望要大型的還是小型的？」

這位中年客戶支支吾吾的說：「買汽車是我多年的願望，就不知道買哪種好，您是生意內行人，是否能幫我……」

「我也只是略知一二，不過我樂於效勞，但是新房子、新汽車和舊爐灶是很不相稱的啊！」

聽了大衛先生的談話，那客戶不禁說：「是啊，我們還要熱水器、煤氣灶，還有微波爐，請您馬上派人給我送貨，順便也請幾個人給我安裝。」「噢，您要慎重考慮，不要勉強自己，您太太的意思應該考慮考慮……」

「沒關係，沒關係，這事還是我說了算。其他就拜託您了……」

【這段對話的關鍵是什麼？】

在這個事例中，客戶退貨並非是因為缺乏支付的經濟能力，而是想買摩托車。於是大衛先生就抓住這個想提高自己身分、地位的欲望對其進行刺激，勸他買汽車，燃燒起對高層次生活的欲望，然後話鋒一轉，使對方覺得原來的訂貨和他求得社會地位的欲望並不矛盾，於是便水到渠成的完成了原來的交易。

不可否認，每個人都有各自的欲望，一個人在不同時期又有著不同的欲望。而人們的欲望總是深深埋藏在心底，不易被人們覺察，這就要求我們必須知道客戶最需要的是什麼，急客戶所急，想客戶所未想，然後透過我們的頭腦和嘴巴，使這種欲望原形畢露，再利用它達到開發客戶的目的。

幽默機智　獲得青睞

人們都喜歡看卓別林的表演，喜歡聽逗人捧腹大笑的相聲。為什麼呢？因為他們的表演極富幽默感，給人以歡樂，給人以輕鬆。

在一九六〇年代美國有位大學生思想活躍，且詼諧幽默。在他當業餘客戶開發員時，萌發了一個好主意。他有一次走進一家報館問：

「你們需要一名有才幹的編輯嗎？」

「不。」

「記者呢？」

「也不需要。」

「印刷廠如有缺額也行。」

「不，我們現在什麼空缺也沒有。」

「那你們一定需要這個東西。」

年輕的客戶開發員邊說邊從皮包裡取出一塊精美的牌子，上面寫著：「額滿，暫不收人。」如此輕而易舉，在輕鬆愉快中促成生意。

美國俄亥俄州的著名演說家海耶斯，三十年前還是一個初出茅廬、畏首畏尾的實習客戶開發員。一次，一個老練的客戶開發主管帶他到某地推銷收銀機。這位老練的客戶開發主管並沒有電影明星般的堂堂相貌，他身材矮小、肥胖，臉紅通通的，卻極富幽默感。

當他走進一家小商店時，老闆粗聲粗氣的沖著他說：「走吧，別老強姦我的耳朵，我對收銀機沒有興趣。」

這位老練的客戶開發員就倚靠在櫃檯上，咯咯的笑個不停，彷彿他剛剛聽到一個令人捧腹大笑、世界上最妙的笑話。店老闆直愣愣的盯著他，不知所措。

這時，這位老練的客戶開發直起身子，微笑著道歉：「對不起，我忍不住要笑，你使我想起了另一家商店的老闆，他跟你一樣，一碰到我就說沒有興趣，後來，他卻成為我們熟識的客戶。」

說著，這位老練的客戶開發一本正經的展示他的樣品，歷數其優點。每當老闆以比較緩和的語氣表示不感興趣時，他就笑哈哈的引出一段幽默的回想，又說某某老闆在表示不感興趣之後，結果還是買了一臺新的收銀機。

旁邊的人都簇擁著，瞧著他們，海耶斯又窘又緊張，心想他們一定會被當作傻瓜一樣被趕出去。結果卻出乎意料。不一會兒，他們就把一臺收銀機搬進了商店，那位老練的客戶開發又以行家的口吻向老闆說明具體用法。

【這段對話的關鍵是什麼？】

在這個事例中，海耶斯的這位頂頭上司運用輕鬆幽默的語言，針對客戶從不喜歡收銀機到逐步緩和、喜歡的心理進行有效的「進攻」，即每當客戶表現出不感興趣的時候，他就列舉某某客戶當時的情況，以此來使當前客戶獲得心理確認，最終達成交易。

在開發客戶的過程中，幽默的力量是不可忽視的，一位精明的客戶開發人員，要想在市場上來往穿梭，遊刃有餘，不僅要有幽默的語言，而且還要有幽默的動作，讓顧客喜歡你。當然客戶開發人員的幽默不是為幽默而幽默，所說的故事、所講的笑話都要有的放矢，要有助於引導客戶發自內心的對其開發的產品的青睞。

一鳴驚人　引起關注

有時候，話語的力量是很大的，它可能改變一個人當時的內心思想。但需注意的是，話語的力量終究不單單是語詞的事務，如果沒有語義的支撐，話語的力度是無法獲得的。因此，要想說出很有力度的話語，就需要一個恰當的表達。

美國有位食品攪拌器客戶開發商，當一男客戶走進他的商店時，他第一句話就問：「家裡有高級食品攪拌器嗎？」

男客戶被他這突如其來的發問給難住了，轉過臉來對這位客戶開發商說：「攪拌器我家裡倒有一個，但不是高級的。」

客戶開發商馬上說：「我這裡有一個高級的。」說著，從櫃檯上拿出一個攪拌器，一邊講解，一邊展示。起初那位男客戶還有點想湊湊熱鬧的念頭，當他看完他的演示後禁不住買了一個。

【這段對話的關鍵是什麼？】

從以上事例，我們可以看出，那位客戶開發商的第一句話是一鳴驚人的。假如換一種方式，一開口就說：「我想來問一下，您是否願意購買一個新型的食品攪拌器？」或者「您需要一個高級食品攪拌器嗎？」其結果與第一句話相比，肯定會稍微遜色。這是因為：

第一種問法，要對方回答的是：「有」還是「沒有」。當然這幾乎是明知故問，但這個問題提得好，有兩個好處：

第一是沒有使顧客立刻覺得您是向他們推銷東西的。要知道，人們討厭別人賣給他們什麼，而喜歡自己想去買什麼。

第二是商人只說有一臺高級攪拌器，並沒有問顧客買還是不買。因此顧客會產生一些興趣，看看高級的與他家裡的有什麼不同。這樣，演示說明就成為順理成章的事情了。至於最後的購買，就是水到渠成了。

在銷售產品的過程中，客戶在聽我們的第一句話時，比聽第二句話乃至以下的話要認真得多。當聽完我們說的第一句話時，很多客戶，不論是有心還是無意，都會馬上決定是盡快的把我們打發走，還是繼續準備談下去。如果第一句話不能有效的引起顧客的興趣和關注，那麼之後即使談下去，效果也不會太樂觀。

以退為進　抓住時機

「商場如戰場」。在這無硝煙的戰鬥中，每一位指揮官——生意人不僅需要智慧，而且還應有涵養和風度，要深諳「商場」技巧。口才在這方面是一項極其寶貴的資源，它是「戰場」上無堅不摧的利器。

客戶的開發，離不開生意洽談，而在業務洽談中，僵局是難免的。如果雙方固執己見，相持不下，都有「寧為玉碎，不為瓦全」的思想，其結局是不言而喻的。此時，作為一位精明的客戶開發應努力保持鎮靜，設法緩和洽談氣氛或者改變問題，甚至可以忍痛割愛，終止洽談等待機會，捲土重來。

要打破僵局並非舉手之勞，這就需要掌握客戶開發的技巧。然而在眾多客戶開發的技巧中，「退一步是為了更好的前進」這一策略、方法，令人百試不爽。想盡辦法與對方建立心理相容關係，縮小或消除雙方在心理上的「溝壑」，然後在良好的人際關係中重整旗鼓。

菲德爾費電氣公司的約瑟夫．S．韋普先生去賓夕法尼亞州與一位富有的農場主洽談用電業務。當他來到農場主所在的那所整潔而堂皇的別墅前去叫門時，對方只把門打開一條小縫，布拉德老太太從門內向門外探出頭來，當她得知來人是電氣公司的客戶開發時，猛然把門關閉了。韋普先生再次敲門，敲了好久她才又將門打開，還是一條小門縫，而且還未等對方開口說話，她就毫不客氣的破口大罵。

雖然一開始就十分不順，但精明的韋普先生卻沒有因此而氣餒，他決心以退為進，碰碰運氣。

韋普先生：「布拉德太太，很對不起您，打擾您了。我訪問您並非為了電氣公司之事，只是向您買一點雞蛋。」

聽到這話，老太太的態度稍微緩和了一些，門也開大了一點。

韋普先生一看機會來了，接著說：「您家的雞長得真好，看它們的羽毛多漂亮，這些雞大概是多明屋克種吧？能不能賣給我一些雞蛋？」

這時，門又開得更大了。

布拉德太太說：「您怎麼知道是多明屋克種的雞呢？」韋普先生知道自己的話與老太太建立了共鳴，便打鐵趁熱，接著說：「我也養了一些雞。像您所養這麼好的雞，我還是頭一次見到的。而且我飼養的來亨雞，只會生白蛋。夫人，您知道吧，做蛋糕時，用黃褐色的蛋比白色的蛋好。我太太今天要做蛋糕，所以我就跑到您這裡來了……」

老太太一聽，樂了，由屋裡跑到門廊來。韋普先生利用這短暫的時間，瞄一下環境，發現他們擁有整套的起司設備。

於是韋普先生繼續說道：「夫人，我敢打賭，您養雞賺錢一定比您先生養乳牛賺的錢還要多。」

這句話簡直說得老太太心花怒放。因為長期以來，她總想把這件得意之事告訴別人。她立即把韋普先生帶進來，讓他參觀雞舍。在參觀過程中，韋普先生不時發出由衷的讚歎，還交流了養雞方面的知識和經驗。

最後，布拉德太太向他請教用電有何好處，韋普先生實事求是向她介紹用電的優越性。兩星期後，韋普先生所在公司收到老太太交來的用電申請書。後來，又源源不斷的收到這個村的用電訂單。

【這段對話的關鍵是什麼？】

在這個事例中，韋普先生的「以退為進」運用得恰到好處，最終使布德拉太太非常高興的接受了他的用電建議。使用這種方法，要注意自己的話題應該是顧客所關心和感興趣的，否則對方會亮出「紅燈」。如果讚美對方，務必實事求是，切勿「花言巧語」而讓對方知道你是在引誘他而半途而廢。同時要抓住時機，在對方心情舒暢時巧妙的亮出你的絕招——回馬槍。記住：「機不可失，時不再來。」貽誤戰機只能使你枉費心機，空忙一場。

在與客戶打心理戰時，要用「以退為進」這一招並不容易，因為你必須對所要開發的客戶有全面的了解和認知，要事先對其進行一番調查研究，甚至要知道客戶近期的喜好和對一些事情的看法。只有這樣你才有百分之五十的勝算的把握，因為另外的百分之五十的勝算是要看你能否及時洞察和抓房客戶的心理需求從而引導其對你的產品萌生好感。

討價還價　心平氣和

「討價還價」是做客戶開發時司空見慣的事。有時，我們提供的是優質服務和優質產品，不想用降價來取勝，面對著客戶殺價的要求，要以堅定的口氣，心平氣和的和客戶說明不降價的理由。

如有的客戶問：「你能打多少折扣給我呢？」售貨員：「抱歉，本公司一向規定不打折扣，因為我們的產品在品質上是從不打折扣的，所以也很難在價格上打折扣，如果我們這樣做，那我們公司將名譽掃地。」

客戶：「××公司答應如果我們買他們的產品，就給我們九五折，你們為什麼不給折扣呢？」

商人：「據我們所知，給折扣的公司早已把那百分之五的利潤打入售價之中。本公司絕對不用這種『羊毛出在羊身上』的辦法討好客戶。說正確一點兒這是在欺騙客戶，因此我們現在的售價，是最合理的最低售價，您不認為我們是個有信用的誠實的公司嗎？」

在這個例子裡，經營者抓住公司的聲譽做文章，使對方感到公司確是可能信任的，因為他們寧可冒減少銷售量的危險，也不做騙人的勾當。

我們再來看一個拒絕客戶提出減免代辦費要求的例子：

「請你們估價，不必付代辦費了吧！」客戶提出了要求。

「通常我們估價是要收代辦費的，因為我們有相當明確的會計制度，客戶可以隨時向我們查詢，同時客戶也很高興我們這樣做。」

這是生意人拒絕客戶減付代辦費要求的話。這話說得婉轉，但很堅決，沒有絲毫讓步的跡象。

因為人們決定購買大宗物品時，雖然也都想從各方面能節省一些開支，但能否省下各項小宗的開支，一般不會影響最後的交易，這正如五千元一臺的鋼琴買得起，就不會在乎一百元的琴凳了；作為精明的商人要善於抓住客戶的這種購物心理，咬緊價格不放鬆，這樣你會增加許多額外的利潤。

當然，即使討價還價也要有技巧，如果雙方在價錢上一味相持不下，而不轉換話題，其結果不可能是「柳暗花明又一村」。當您因價格和客戶意見產生分歧，你可以以商品的代價問題來剖析價格的合理性。

鑒於以上例子，善於經商的機靈人就容易在價格和代價上大做文章，最後使客戶心服口服，願意掏錢買昂貴的商品。同樣，類似問題還可以採用貨比三家的銷售方法。

湯姆正欲購買一套音響設備，但由於品種太多，加上經濟限制，一時也難以決斷。當他正徘徊不定時，一位年輕的營業員看穿了他的心思，於是上前問道：「你很想買我們商店的這套音響是吧？但不可否認這些東西的價格卻很昂貴，你要慎重考慮才可決定。我想你如果再到其他商店比較比較，也許這對你來說是很有利的。」這位客戶心裡想，貨比三家不吃虧啊，於是他又去了其他幾家商店，作了一些觀察和比較。他發現那些家商店中的音響設備，雖然價低一些，但品質上，如外觀、音質、音色等，都差一些，正所謂一分錢一分貨。最後，他又回到這位年輕營業員的商店，毫不猶豫的買了一套音響。

【這段對話的關鍵是什麼？】

討價還價是生意場上永不改變的合奏曲，只要抓住客戶的購物心理，運用口才學的技巧，相信，只有咬緊價格的商人，沒有頑固不變的客戶。

當我們與客戶在討價還價上爭執不下時，我們要牢牢的抓住客戶的需求欲望，在我們的產品價格上大做文章，使客戶感到我們的產品才是真正的物有所值，這樣客戶便消除了吃虧上當的感覺，在心理上自然願意購買我們的產品。

與朋友說話→真誠策略

只有對於朋友，你才可以盡情傾訴你的憂愁與歡樂，恐懼與希望，猜忌與勸慰。

人與人之間，只有真誠相待，才是真正的朋友。誰要是算計朋友，等於自己欺騙自己。

結交朋友　真摯關切

結交朋友時，除了要表現出你真摯的欣賞和關切外，語言也要真摯動人，具有感染力。運用有利於對方感情上容易接受的語言文字，多用陳述性語句，避免或盡量少用評論性、挑戰性語句。

查爾斯．伊里特博士從美國南北戰爭結束後一直到第一次世界大戰的前五年，擔任哈佛大學校長。他經常以對待朋友的口吻來與學生攀談交流。

有一天，一名大學一年級的學生克蘭頓到校長室去借五十美元的學生貸款，這筆貸款獲准了。克蘭頓自己敘述說：

「我在拿到學生貸款時，我感激萬分的致謝一番，當我正要離去的時候，伊里特校長讓我再坐一會。然後他令我驚奇的對我說：『聽說你在自己的房間裡親手做飯吃。我並不認為這件事壞到哪裡去，如果你所吃的食物是適當的，而且分量足夠的話。我在念大學的時候，也這樣做過。你做過紅燒獅子頭沒有？如果牛肉煮得夠爛的話，就是一道很好的菜，因為一點也不會浪費。當年我就是這麼煮的。』接著，他告訴我如何選擇牛肉，如何用文火去煮，然後如何切碎，用器具壓成一團，放冷再吃。」

【這段對話的關鍵是什麼？】

事例中的伊里特校長在了解到克蘭頓的困難後，以親切的話語對克蘭頓表現出真摯的關切，就像對待自己的朋友一樣，使克蘭頓十分感激。這樣在克蘭頓的心裡，認為伊里特校長非常平易近人。

把這個道理放到交友識朋上來，也同樣適用。如果你真的想結交知心的朋友，你首先要表示出你對他們的關切與欣賞。這跟其他的人際關係一樣，必須是真摯的。只有在朋友真正感受到你的關注與欣賞的目光時，你才能真正打動朋友的心。而要想讓朋友知道這一點，最直接的辦法莫過於言語的表達。

心理學研究證明，人們的行為受動機的支配，而動機又是隨著人們的心理需要而產生的。人們的心理需要一旦得到滿足，便會成為積極向上的原動力。在現實生活中，人們總是自覺不自覺的從他人那裡尋找自身的存在價值，其內心深處都有被重視、被肯定、被尊敬、被欣賞的渴望。當這種渴望實現時，人們的許多潛能和真善美的情感便會被奇蹟般的激發出來。我們都渴望得到朋友的欣賞，同樣，每個人也應該學會欣賞朋友。

溝通情感　互訴衷腸

人與人之間是需要進行情感溝通的，但溝通在基本上受個人心理因素的制約。個體的性質、氣質、態度、情緒、見解等的差別，都會成為人與人之間溝通的障礙。

因此，建立溝通關係的關鍵就是「尋找與對方有什麼是可以共同體驗的」，如果彼此有共同關心的事，共同的愛好那樣最好的，如果沒有也不需要去裝模作樣。很多書或文章都批判「建立溝通關係」是一種操縱他人感情的工具。就是因為它們大量鼓吹「假裝接受對方的興趣愛好」這種手段所造成的。

如果沒有共同關注的事，那麼就使用共同的語言表達方式。人們在表現自己的人生經驗時，常常有反覆使用對他來說極為重要的特殊詞語的傾向。只要和對方以同樣的方式交談，也可以使交流順利進行。

北宋時期蘇軾和黃庭堅是以詩文聞名於世的一對好友。有一次他們一起討論書法，蘇軾說：「您近來的字雖越來越清勁，不過有的地方卻顯得太瘦硬了，幾乎像樹梢繞蛇啊！」

說罷大笑。黃庭堅說：「師兄批評一語中的，令人心折。不過，師兄的字……」蘇軾忙說：「你幹嘛吞吞吐吐，怕我承受不了嗎？」黃庭堅於是大膽言道：「師兄的字，鐵畫銀鉤，遒勁有力，然而，有時寫得就像是石頭壓的蛤蟆。」話音一落，倆人都笑得前俯後仰。

【這段對話的關鍵是什麼？】

古代藝術大師們這種互相磨礪的批評精神，達到了互相幫助、互相促進的目的。

要想達到與人良好的情感溝通，就要注意對方的心理。當對方對某一事物表露出一種情感傾向時，你就要對所說的這件事表達同樣的感受，這樣，你們就能很容易談到一起了。

人與人之間情感的溝通，是交往得以維持並向更為密切方向發展的重要條件，是人對客觀事物所持態度的內心體驗。情感溝通是由兩部分組成。一是「共鳴」，即對同一事物或同類事物具有相仿的態度及相仿的內心體驗；二是「振盪」，即由於「共鳴」而雙方情緒相互影響，以至達到一種比較強烈的程度。前者是找到共同語言，後者是掏出心來，心心相印。

談笑之間　贏得尊重

有一種溝通方式多半見於朋友之間，有點兒不打不相識的味道，就是因為彼此太熟了，所以也就不必文謅謅、有模有樣的說話了，好像不這樣，就顯得彼此的交情不夠。這種溝通也有好處，不容易有心結，心裡有什麼話，就說出來。像是撒把胡椒粉，雖然讓人「哈啾！」一聲打個噴嚏，但是「噴」完了，也就沒事了。

蕭伯納和邱吉爾兩人，雖然一個在文壇，一個在政界，但卻是相知的好朋友。兩個人的關係，由他們之間信函往來的內容就看得出來。

蕭伯納有一場新劇要在倫敦首演。他特別送了兩張入場券給邱吉爾，還附上一張寫著寥寥數語的便信。

「附上拙作演出入場券兩張，一張給你，一張給你的朋友——如果你還有朋友的話。」

在政界一向飽受競爭者攻擊的邱吉爾看了哈哈大笑，隨即回了一封也只寫了幾句話的便條。

「很抱歉，我今晚沒空，但是我會和朋友明晚去觀賞——如果你那場戲明晚還能繼續上演的話。」

有著高明的「說笑」技巧的說話高手，在人群裡一向都會是最受歡迎的人物。

有一回宰相王安石騎馬遊極甯寺，馬兒由馬夫牽著，王安石坐在馬上放眼瀏覽四周的景致，心情十分愉快。

沒想到，馬夫一個疏忽，竟然讓馬兒受驚，馬失前蹄，王安石由馬背上摔了下來，這下大夥兒可緊張了，尤其是馬夫緊張得手足無措。

眾人趕快扶起王安石，幸好他毫髮無傷。王安石看了看趴在地上嚇得直發抖的馬夫，一言不發的跨上馬背，然後用馬鞭指著馬夫說：「幸虧我的名字叫做王安石，要是叫王安瓦，這下可要摔得粉碎了！」

一句話說罷，他用鞭子輕打了一下馬屁股，繼續向前行進，一句妙語讓四周的人哈哈一笑，解除了緊張的場面。馬夫擦了擦額頭上豆大的汗珠，鬆了一口氣。

【這段對話的關鍵是什麼？】

在這個事例中，王安石以平常說笑的方式化解了尷尬氣氛，使他周圍的人哈哈一笑解除了緊張。

這種說笑方式在朋友之間也是一樣可行的。在朋友之間，懂得如何說笑的人最受人歡迎，但是一般人需要心理上的調整，才能夠培養這份能力。

聰明的人總是能用談笑的口吻大大提高自己的人氣和威信，贏得朋友們一致的尊重和愛戴。其實朋友之間說話時最好用一些說笑來活躍氣憤，否則就不像是朋友之間的言語交流了。說笑的時候大可放心，因為傷不了人，所以一旦遇到有什麼狀況發生，心胸寬大的拿自己來嘲笑一番，最能擄獲人心。讓人哈哈一笑，不但化解了尷尬，也放鬆了大家的緊張情緒，使彼此相處愉快！

勇於道歉　友誼常青

與人交往難免不說錯話，不做錯事。倘若你發現自己錯了，能真誠、主動道歉，遠比那些千方百計的找理由給自己辯護的人更能得到諒解甚至是尊敬，因為對方能從你的道歉中看到你人品中的正直和坦蕩。

關於敢於承認自己的過錯，美國一位社會交往學家說：「向別人道歉是件比較容易的事，只要你向別人真誠的道歉，那麼同樣可以運用交際口才，得到朋友的信賴和他人的尊重。」

大家所熟知的刎頸之交的故事，便說明了朋友之間的道歉是很重要的。

戰國時候，有七個大國，它們是秦、楚、燕、齊、韓、趙、魏，歷史上稱為「戰國七雄」。這七國當中，又數秦國最強大。秦國常常欺侮趙國。有一次，趙王派一個大臣的手下人藺相如到秦國去交涉。藺相如見了秦王，憑著機智和勇敢，給趙國爭得了不少面子。秦王見趙國有這樣的人才，就不敢再小看趙國了。趙王看藺相如這麼能幹。就封他為「上卿」(相當於後來的宰相)。

趙王這麼看重藺相如，可氣壞了趙國的大將軍廉頗。他想：我為趙國拼命打仗，功勞難道不如藺相如嗎？藺相如光憑一張嘴，有什麼了不起的本領，地位倒比我還高！他越想越不服氣，怒氣衝衝的說：「我要是碰見藺相如，要當面給他點難堪，看他能把我怎麼樣！」

廉頗的這些話傳到了藺相如耳朵裡。藺相如吩咐他手下的人，叫他們以後碰著廉頗手下的人，千萬要讓著點，不要和他們爭吵。他自己坐車出門，只要聽說廉頗從前面來了，就叫馬車夫把車子趕到小巷子裡，等廉頗過去了再走。

廉頗手下的人，看見上卿這麼讓著自己的主人，更加得意忘形了，見了藺相如手下的人，就嘲笑他們。藺相如手下的人受不了這個氣，就跟藺相如說：「您的地位比廉將軍高，他罵您，您反而躲著他，讓著他，他越發不把您放在眼裡啦！這麼下去，我們可受不了。」

藺相如心平氣和的問他們：「廉將軍跟秦王相比，哪一個厲害呢？」大夥兒說：「那當然是秦王厲害。」藺相如說：「對呀！我見了秦王都不怕，難道還怕廉將軍嗎？要知道，秦國現在不敢來打趙國，就是因為國內文官武將一條心。我們兩人好比是兩隻老虎，兩隻老虎要是打起架來，不免有一隻要受傷，甚至死掉，這就給秦國造成了進攻趙國的好機會。你們想想，國家的事要緊，還是私人的面子要緊？」

藺相如手下的人聽了這一番話，非常感動，以後看見廉頗手下的人，都小心謹慎，總是讓著他們。

藺相如的這番話，後來傳到了廉頗的耳朵裡。廉頗慚愧極了。他脫掉一隻袖子，露著肩膀，背了一根荊條，直奔藺相如家。藺相如連忙出來迎接廉頗。廉頗對著藺相如跪了下來，雙手捧著荊條，請藺相如鞭打自己。藺相如把荊條扔在地上，急忙用雙手扶起廉頗，給他穿好衣服，拉著他的手請他坐下。

藺相如和廉頗從此成了很要好的朋友。這兩個人一文一武，同心協力為國家做事，秦國因此更不敢欺侮趙國了。「

【這段對話的關鍵是什麼？】

廉頗負荊請罪的故事可謂經典！朋友之間往來難免會出現些差錯，人無完人，孰能無過？錯了不要緊，只要勇於道歉，便能使友誼之樹常青。有人說，朋友之間無須道歉，其實不然。一句道歉往往能讓人感到對他的尊重，並促進友誼。

道歉並非是示弱，它反映出一個人的大度與明智。如果我們由於自身的孤傲和不安全感寧可讓友情出現裂痕也不願意說「我錯了」這句話，那實在是愚蠢之至。諾曼·皮勒說過：「真正的道歉絕不只是簡單的認錯，而是對你說過或做過的有損友好關係的言行表示真誠的歉意，並真心實意的希望友誼得以修復。」

守口如瓶　忠於朋友

忠誠是友誼的源泉。對待朋友以誠相待，以品格換品格，就可以在自己同朋友之間架起心靈之橋，並在此基礎上合作共事。朋友之間沒有忠誠，友誼也不會長久。

對朋友忠誠的具體表現之一就是肯為朋友保密，遇事「守口如瓶」，才能得到朋友的信賴，友誼才能不斷加深。由於道德禮俗的規範與人類天性的永恆衝突，所以人具有傾吐內心隱祕的需要，這種心理需要也就構成了對友誼的渴望。

馬克思住在巴黎的時候，與詩人海涅之間的友誼，達到了「只要半句就能互相了解」的地步。海涅思想相當進步，寫下很多戰鬥詩篇，夜晚，就到馬克思家中朗誦自己的新作。馬克思和燕妮一起與他加工、修改、潤色，但馬克思從不在別人面前「洩露天機」，直到海涅的詩作在報章上發表為止。

後來，海涅創作了《西里西亞紡織工人》，深刻揭露和憤怒抨擊了德意志反動統治，馬克思高興的稱他為「同志」。兩人的友誼日漸深厚。西元一八四五年，法國反動統治無理驅逐馬克思，馬克思臨行時寫信給海涅道：「離開海涅使我最痛苦，我真想把您也打進我的行李中去。」以後，又時常詢問海涅的創作和健康，並經常給海涅寫信，海涅也深深懷念馬克思，記掛著馬克思的安危。海涅稱馬克思是「最能保密」的朋友。他們的友誼為世人所羨慕，所稱頌。

【這段對話的關鍵是什麼？】

我們需要明白這個事實，朋友之所以將他的「隱私」告訴我們，他的目的是為了贏得我們的同情、愛憐，要我們及時幫他出點子、想辦法。但這些「隱私」知道者範圍不能大，只能「你知我知」。馬克思完全明白這一點，他對海涅沒發表的作品守口如瓶，在心理上贏得了海涅的稱讚。

不論遇到任何事情，你要明白交友之道在於對朋友的忠誠度，只有互相忠誠的朋友，才能使友誼地久天長。忠於朋友，守口如瓶才能取得朋友之間彼此的信任感。

交朋識友　言而有信

言而有信是做人的美德，看人的尺度，交友的準則。如果一旦失去了誠信，對人、事不能做到言而有信的話，將會失去很多很多的機會，身邊也會逐漸失去朋友，甚至一切。

西元一七九七年三月，拿破崙偕同他的新婚妻子參觀盧森堡的一所小學，受到師生的熱情款待。拿破崙夫婦很受感動，當場向校長送了一束價值三千金路易的玫瑰花，並說：「只要我們的法蘭西國家存在一天，每年的今天我將派人送給貴校一束價值相等的玫瑰花。」後來，由於許多原因，這位偉人沒有實現自己的諾言。一九八四年，盧森堡政府重提此事，向法國提出「玫瑰花懸案」的索賠，連本帶利高達一百三十七萬餘法郎。法國政府不忍為一句話而付出如此高昂的代價，但考慮到拿破崙的聲譽，只得寫了一張措辭委婉的道歉書，這「一諾千金」的「玫瑰花懸案」才算了結。

為了獲得對方的信任，你可在談話順利進行時插入一句：「如果不是你，我不會這樣說！」這樣一來，你們彼此之間的親密關係將更容易形成。通常，人在擁有一點屬於自己的祕密時，總會有一種找朋友傾吐的欲望。而傾吐的對象是有選擇的。所以當你向對方說：「如果不是你，我不會這樣說」，這樣就表示你很看重他。因此，在很融洽的氣氛下，你可以滿足對方的自我意識，使雙方關係越加親密。

【這段對話的關鍵是什麼？】

拿破崙的這個故事雖然是發生在兩國之間的，朋友間又何嘗不是信用第一？華人歷來把「言而有信」看得很重，把它當作做人的美德，看人的尺度，交友的準則。因為一個講信用的人，能夠做到前後一致，言行一致。人們便可以根據他的言論判斷他的行動，進行正常的交往。

朋友之間交往，必須給人信任感，這是不言而喻的。但是，怎樣才能讓對方信任你呢？或者說，怎樣把你對對方的尊重和信任的態度傳達給他呢？你應以同樣的心情了解對方的煩惱與要求。這就是心理學上所說的「共鳴」，也叫「移情」。比如：我們在交談中當聽取朋友的某種意見時，一方面要點頭表示同意，另一方面要適當重複對方的話，如此這般能使對方覺得自己的言論受到重視，而不由自主的把心裡話都掏出來。

委婉拒絕　不失體面

我們在拒絕別人時應該注意不使他們的面子受損。如果既拒絕了別人的要求，又讓他們丟了面子，那麼他們心中產生不滿之情是在所難免的。如果能在拒絕別人的要求時不讓對方丟臉，讓人非常體面的接受拒絕，結果可能會大不相同。

三國時期的華歆在孫權手下時，名聲很大。曹操知道後，便請皇帝下詔招華歆進京。華歆啟程的時候，親朋好友千餘人前來相送，贈送了他幾百兩黃金和禮物。華歆不想接受這些禮物，但是如果當面謝絕肯定會使朋友們掃興，傷害朋友之間的感情。於是他便暫時將禮物統統收下來。並在所收的禮物上偷偷記下送禮人的名字，以備原物奉還。

之後，華歆設宴款待眾多朋友，酒宴即將結束的時候，華歆站起來對朋友們說：「我本來不想拒絕各位的好意，卻沒想到收到這麼多的禮物。但是，匹夫無罪，懷璧其罪。想我單車遠行，有這麼多貴重之物在身，諸位想想我是否有點太危險了呢？」

朋友們聽出了華歆的意思，知道他不想收受禮物，又不好明說，使大家都沒面子。他們內心裡對華歆油然而生出一種敬意，便各自取回了自己的東西。

【這段對話的關鍵是什麼？】

在這個事例中，華歆在拒絕朋友時，沒有坦言相告，而是找了一個對自己人身不安全的理由，雖然朋友們也知道他是在故意推辭，但不會以此為意。因為華歆委婉拒收禮物沒有讓他們丟臉。假使華歆當面謝絕朋友們的饋贈，試想千餘人，不知道要推卻到什麼時候，也不知要費多少口舌，使大家感到尷尬。而華歆卻只說了幾句話便退還了眾人的禮物，又沒有傷害大家的感情，還贏得了眾人的嘆服，真可謂一箭三鵰。

「不」字誰都會說，但怎樣說才能既不傷害對方，又不使自己為難，卻不是每個人都能做得到的。拒絕他人，最好的辦法就是在不便說出真實的原因時又找到一個可信而合理的藉口。其實，在自己確有難處，或者如果答應別人的要求自己的利益會損失很大的情況下，我們就應該拒絕別人。但是拒絕別人也要考慮對方的情感，盡量做到不傷害雙方的感情。怎樣說「不」，也是一門學問。

與戀人說話→傾情策略

相愛的兩個人就是一個世界。在這個奇妙的世界裡，特別是初戀者，他們彼此互相試探、猜測、幻想，雙方均變得極為細膩、敏感。對方的每一句話、每一個歎息都能引起戀人們的悉心揣摩。他們的言談充滿了含蓄的暗示和突然的傾訴，充滿了亦真亦幻的弦外之音和言外之情。

含蓄委婉　傳遞深情

剛戀愛的女孩，總喜歡裝出冷若冰霜的樣子，讓人覺得難以接近，即使她喜歡你，也會裝出滿不在乎的樣子。如果你想接近她，就要融化她的冷漠，用你的溫柔，去將她心中冰一般的冷漠融化，這樣你才能贏得她的芳心。

女孩對於溫柔又值得信賴的男孩，幾乎是毫無反感的。女孩在生活中，常常會碰到一些討厭又不如意的事。在複雜的令人應接不暇的人際關係中，女孩希望別人關心她，她會感動於一個男子的體貼和溫柔。

這時，便需要你能夠恰當適時的表達自己的愛意。那麼，究竟怎樣表達你的愛意呢？

讓我們先看看下面一段經典故事：

馬克思在知道保爾．拉法格正在熱烈的追求自己的次女蘿拉的時候，他便給拉法格寫了一封信。在這封著名的信箋裡，馬克思道出了一段精彩的愛情理論：

「如果你想繼續維持您和我女兒的關係，您就應當放棄您的那一套求愛方式。……即使她向您正式訂了婚，您也不應當忘記，過度的親密很不合適，因為一對戀人在長時期內住在一個城市裡，這就必然會有許多嚴峻的考驗和苦惱……」

「在我看來，真正的愛情是表現在戀人對他的偶像採取含蓄、謙恭甚至羞澀的態度，而絕不能表現在隨意流露熱情和太早的親暱。」

馬克思對拉法格講的這段話，依然適合當代的青年。

是的，「隨意流露熱情」，「過早的親暱」只能把愛這條長絲攪得一團糟。暫時的滿足，一時的快感，只能把你的形象壓縮，只能降低你在你心上人心中的地位，其結果，可想而知，更別奢談什麼接受你的愛意，再別大講什麼對你的表達做出令人血管膨脹的反應了。這一切的錯就在於你不善於表達自己，不知道如何走進一座幽深的城堡。憑自己的主觀臆想，單方的考慮，只能讓你遠離這座城堡。

還是讓馬克思告訴你如何順利向城堡深處前進吧：

那是一個美麗的下午，在一條幽長的小路上，馬克思和燕妮並排在這段小路上散步，晚霞把馬克思的臉頰照得紅澄澄的，好像喝醉了酒的俄羅斯大漢，晚霞把燕妮的頭髮照得金燦燦的，好像美麗浪漫的法國金髮女郎。正是在這樣富有詩情畫意的情景中，馬克思突然停下了與燕妮討論關於黑格爾哲學的一個問題，好像想起了一件事似的，深情的看著燕妮那嬌美的臉龐，慢慢而堅定的對燕妮說：「呵，燕妮小姐，告訴你一個好消息。」

「什麼好消息？」燕妮的臉上寫滿了驚喜和興奮，好像她知道答案似的。

「我已有了一位心上人。」馬克思彷彿沒有看懂她臉上的變化。此時的燕妮，突然把笑容僵在了蒼白的臉上。

「什麼？她，她是誰？」燕妮有些語無倫次了，因為這太出乎她的意料了。

「嗯，你或許認識她哩，」馬克思神祕的衝燕妮笑了笑，並遞給燕妮一個精緻的小盒子，說道：「這就是她的相片。」

馬克思好像很不經意的把這個小盒子遞給了燕妮，在兩手相碰的一剎那間，馬克思感到燕妮的手有些涼，而燕妮已感覺不到馬克思那熱熱的大手掌。

然後，馬克思彬彬有禮的找了個藉口，與燕妮分開了。

燕妮迫不及待的打開盒子，她要弄清楚到底馬克思愛上了誰。

可是，當她剛剛打開這個小盒子，她的臉馬上紅了。因為，那小盒子裡什麼相片也沒有，只有一個圓圓的小鏡子，鏡子裡映出了燕妮緋紅的臉龐。

燕妮笑了，從此，便真正與馬克思一起走上了人生的旅程。

【這段對話的關鍵是什麼？】

可以說，上面所說的那封信在一定意義上，也可以說成是馬克思戀愛生活的經驗談，而剛才所講的那段精彩的表達愛意的情節，就是對這封信所講內容的最好注釋。懂得含蓄委婉的傳遞愛情資訊的人終將博得心上人的芳心。

愛情不是一個簡單的遊戲，它需要你用語言去強化它，用行動去激發它，用心去表達，靠心去傳遞。所以，表達是你的必要途徑。對於愛情的表達，應該像馬克思所說的那樣，「採取含蓄、謙恭甚至羞澀的態度」，這樣的愛情才有曲折的美感，這更容易打動戀人的心扉，讓他（她）在對你含蓄的讚許中真心接受你的愛。

實話虛說　藉機抒情

在談情說愛時有一種迂迴的方法就是實話虛說，藉機抒情。

十九世紀俄國著名作家陀思妥耶夫斯基便是以此方式摸清了小祕書的芳心，「逼」她供出了底牌。

西元一八六六年，對陀思妥耶夫斯基是具有轉折且重要意義的一年。妻子瑪麗亞和他的哥哥相繼病逝。為了還債，他為出版商趕寫小說《賭徒》，他請了一位速記員，名叫安娜．格利戈里耶夫娜，一個年僅二十歲，性情異常善良和聰明活潑的少女。

安娜十分崇拜陀思妥耶夫斯基，工作認真、一絲不苟。書稿《賭徒》完成後，作家已經愛上了他的速記員，但不知道安娜是否願意做他的妻子，便把安娜請到他的工作室，對安娜說：「我又在構思一部小說。」「是一部有趣的小說嗎？」她問。

「是的。只是小說的結尾部分還沒有安排好，一個年輕女孩的心理活動我把握不住，現在只有求助於你了。」他見安娜在諦聽，繼續說，「小說的主人公是個藝術家，已經不年輕了……」主人公的經歷就是作家自己，安娜聽出來了，她忍不住打斷他的話：「你做什麼折磨你的主人公呢？」「看來你好像在同情他？」作家問安娜。

「我非常同情這個主人公，他有一顆善良的心，充滿愛的心。他遭受不幸，依然渴望愛情，熱切期望獲得幸福。」安娜有些激動。陀思妥耶夫斯基接著說，「用作者的話說，主人公遇到的女孩溫柔、聰明、善良，通達人情，算不上美人，但也相當不錯。我很喜歡她。」

「但結合卻很難，因為兩人性格、年齡懸殊。年輕的女孩會愛上藝術家嗎？這是不是心理上的失真？我請你幫忙，聽聽你的意見。」作家徵求安娜的意見。「怎麼不可能！如果兩人情投意合，她為什麼不能愛藝術家？難道只有相貌和財富才值得去愛嗎？只要她真正愛他，她就是幸福的人，而且永遠不會後悔。」

「你真的這樣想，真的相信，她會愛他？而且愛一輩子？」作家有些激動，又有點猶豫不決，聲音顫抖著，顯得十分痛苦。

看到作家這樣的表情，安娜呆住了，但隨後終於明白他們不僅僅是在談文學，而且是在構思一部愛情絕唱的序曲。安娜小姐的真實心理正如她自己所言，非常同情主人公，即作家陀思妥耶夫斯基的遭遇，且從內心愛慕這位偉大的作家。如果模稜兩可的回答作家的話，對他的自尊和高傲將是可怕的打擊。於是安娜激動的告訴作家：「我將回答，我愛你，並且會愛一輩子。」

最終，陀思妥耶夫斯基同安娜結為伉儷。在安娜的幫助下，作家還清了壓在身上的全部債務，並在幸福的後半生寫出了許多偉大的作品。

【這段對話的關鍵是什麼？】

實話虛說，藉機抒情的「愛情迂迴術」當然不是什麼「圈套」。陀思妥耶夫斯基向安娜求愛的妙計，歷來被世人當作愛情佳話，廣為傳頌。

我們不但可以利用這種辦法對方的內心，而且還會巧妙的避免一些尷尬的局面。這樣含蓄委婉的表達愛意，更能令你的心上人易於接受你的求愛。

不露聲色　旁敲側擊

戀愛雙方共同擁有一個不為外人「開放」的神祕世界。在這個世界裡，旁敲側擊的言語有其特殊的表達效果。旁敲側擊所傳遞的愛的資訊比大聲講話更為強烈。這一點，只有在熱戀中的情人才能深深感受到。當雙方陶醉在愛的世界中時，當產生了一點小誤會或有點小分歧時，你若在他（她）的耳旁旁敲側擊的說上幾句，對方一定會感到無限幸福，誤會和意見也頓時煙消雲散。

在埃及，公開追求女孩被人認為是不道德的。法赫米看上了鄰居穆罕默德．雷德萬的女兒瑪利亞，但卻不敢公開表露自己的心聲。

有一天，法赫米在陽臺上教弟弟認生字，見到瑪利亞在陽臺上晒衣服，別提有多高興，但又不知該如何表示自己的愛慕之情。這時，弟弟見哥哥有些不對勁的樣子，大聲問道：「你要我認的生字我早就寫熟了，怎麼不讓我默寫呀？」法赫米回過神來，突然間靈機一動，計上心頭，想了一個既能表達感情，又可試探瑪利亞對自己態度的妙法。

他拿起書，故意大聲的向弟弟說：「心……」弟弟邊念邊寫著，法赫米卻在女孩的臉上尋找反應。接著他又大聲說：「愛……」

「還沒學這個字。」弟弟慌忙反駁。「這個字我已經教了你好幾遍，你就是記不住！」法赫米微笑著說。正在弟弟疑惑之際，法赫米又在提高嗓門道：「結婚……」此時，法赫米看到女孩臉上羞怯的紅雲。法赫米終於把自己心中那火熱的愛傳遞給了瑪利亞，他心中感到了無比的快樂和輕鬆。這時，瑪利亞一步步朝圍牆走過來，看著心上人離自己越來越近，法赫米心想：得趕緊去告訴父母，得趕緊去告訴母親，請她到瑪利亞家為他求婚……

【這段對話的關鍵是什麼？】

有人說旁敲側擊是溝通雙方的「祕密通道」，這是一點不假的，打開這個通道，使愛得到交流，你就可以成為世界上最幸福的人。

女人有一種心理防衛本能，經常用語言掩飾自己的本意，不喜歡別人一語道破天機。如果男人自作聰明，直截了當的說破女人的心事，往往會引起女人的反感。因此，在追求女性時，千萬要懂得說話的藝術，要察言觀色，旁敲側擊，掌握分寸。

直言不諱　坦率果敢

在男女戀愛的過程中，是很難明確從哪一次不再作為朋友，而是作為戀人作第一次交談的。在兩位年輕人經歷了漫長的友誼過程後，隨著時間、感情的增加，友誼出現了「飛躍」，產生了愛戀。我們把年輕人向他（她）所愛的人表白愛情的言談，作為同戀人的第一次交談。

十九世紀法國著名的微生物學家路易．巴斯特，他表達愛情的方式是頗具特色的。巴斯特在法國斯特拉斯堡大學任教時，認識了校長洛朗的女兒瑪麗小姐，在友誼持續了一段時間後，巴斯特深深的愛上了瑪麗。於是，他分別給洛朗先生、洛朗太太、瑪麗小姐寫了求婚信。除了表達真摯的愛情外，巴斯特在給洛朗先生的信中寫道：「我應該先把下面的事實告訴您，讓您容易決定允許或拒絕。我的家境小康，沒有太多的財產。我估計，我的家財不過五萬法郎，而且我早已決定把我的一份送給我的姐妹們了。所以，我可以算是一個窮漢。我所擁有的只是健康、勇敢和對科學的熱愛，然而，我不是為了地位而研究科學的人。」

巴斯特的言語非常坦率，非常誠實，又帶著熾熱的情感，他終於得到了瑪麗小姐的愛情。

自然流露，毫不矯揉造作，活活潑潑，純正而健康，使人感受到無限的生命力，是情感的自然抒發，是心靈的自然表白。

列寧同夫人克魯普斯卡婭的「首次戀愛言談」，似乎有著傳奇的色彩。列寧自己風趣的說，是在伏爾加河畔認識克魯普斯卡婭的，是在「吃第四張春餅時愛上的」。由於列寧沒日沒夜的為革命工作忙碌，沒有時間顧及個人的戀愛私事，他只能把愛情的種子深深的埋在心底。直到當列寧和克魯普斯卡婭被捕後，在監獄裡，列寧才用化學藥水給克魯普斯卡婭寫信，傾訴了埋在心底的火熱的愛情。此後，列寧被流放到西伯利亞，在流放生活中，他抑制不住相思的痛苦，才在給克魯普斯卡婭的信中提出求婚。在信的末尾，列寧是這樣寫的：「請你做我的妻子吧。」列寧坦率、真情的求婚，使克魯普斯卡婭非常激動，她毫不猶豫勇敢向嚴寒的西伯利亞疾跑，與列寧生活、戰鬥在一起。

在一九二〇年巴黎的一次舞會上，上尉戴高樂邀請汪杜洛小姐說：「我有幸認識你，小姐，使我非常榮幸，是一種莫名其妙的榮幸……」而汪杜洛則說：「不是嗎，上尉先生，我不知道還有比你的話更動聽，比此刻的時光更美麗……」他們一邊跳著舞，一邊傾訴著，當跳完第六支舞曲時，已經山盟海誓，定下終身了。這閃電式的戀愛，的確是一見鍾情！

【這段對話的關鍵是什麼？】

從上述三個經典事例中，可以看出，熾熱的情感，坦率果敢的言語往往會打動自己心慕已久的愛人。

愛情是盲目的，帶有很大的衝動性，而這種衝動的動力源恰恰就來自於你那坦率果敢的熱情似火的表達，因為那些火熱的話語也會使你的愛人的內心變得更加的盲目、衝動，從而使你能順利達成所願，有情人終成眷屬。

愛要傾吐　避免悲劇

人的傾吐欲像飲食起居一樣，是不可缺少的。如果沒有機會、沒有場所、沒有對象可傾吐，那麼緊接而來的不僅是煩惱、苦悶，還會產生許多悲劇。人們傾吐的也許是自己內心的苦悶。也許是內心的歡樂，也許是期望別人的理解，也許是希望得到他們的愛慕。總之，傾吐的結果是溝通，如果缺乏溝通，即使是夫妻也會同床異夢，即使是好朋友也會日漸生疏。

有這樣一則故事：

有一年，在聖西爾威斯特的瞻禮日，一個寒冷的夜晚，倫敦員警廳的法醫雷大夫被叫到一家十分簡陋的帶家具出租的公寓裡去驗屍。死者是一位在當天夜裡自縊的大學生，二十幾歲，住在一間簡陋的單間裡，房間裡十分寒冷，當雷大夫在冰涼的環境中坐在桌子前寫驗屍報告時，猛然間被幾頁寫滿潦草字跡的紙吸引住了。他先是瞄了一眼，然後細看一遍才知是一份遺書。

這個不幸的年輕人在遺書中寫了自殺的原因。從表面上看是因為忍受不了孤獨。他隻身一個，舉目無親，沒有朋友，而且手頭拮据。耶誕節到了，他特別渴望溫暖，企求愛情，嚮往幸福。

他隔壁住著一位女孩，他們兩人有時在樓梯上擦肩而過，那女孩「天使般的容貌」常常打動他的心。

那天夜裡，正當他努力同悲傷和洩氣作鬥爭的時候，從隔壁傳來了嘎吱吱的聲響和陣陣喘息聲。小夥子在遺書中說，那些聲音具有明顯的特徵，這意味著什麼，是非常容易猜出來的。大概那些聲音在他寫遺書時一直沒有停止，因為他描寫得非常詳細，似乎想從憤怒和輕蔑中尋求解脫，潦草的字跡顯露出他激動煩躁的心情，字裡行間充滿了悔恨、絕望的口氣。

他在遺書中這樣寫道：連續一個小時，他確切的聽到了一聲聲歡樂嘶啞的喘息和床架震動的嘎吱嘎吱聲。這是任何人把耳朵貼在牆壁上的時候，都曾經聽到過的討厭的嬉戲聲。特別是他當時正感到孤獨、沮喪和厭煩，因而他那個天使般的女鄰居歡樂的呻吟聲刺傷了他的心。

小夥子還承認，他已暗中愛上了那個女孩，「她是那樣的美麗，我甚至不敢同她說話」。他惡狠狠的咒罵這個他不願再涉足的世界。

總之，這個年輕人當時的滿腹衷腸盡現於紙上。他心地十分純潔，但顯然過度敏感，非常強烈的感到孤獨，由於渴望愛情而感到十分痛苦，毫無疑問，他傾心於那位神祕的「天使」，可是，由於羞澀，又不敢和她說話。此刻，他隔著牆壁卻聽見「天使」發出人的聲音。因此，他扯下窗簾上的繩子，告別了人生……

讀完遺書，雷大夫在驗屍報告上簽了字。臨走前，留心聽了一陣，可是牆那邊沒什麼動靜。大概隔壁的那個「天使」和她的情人已經停止嬉鬧，這會兒，或許早已雙雙進入夢鄉了。

當大夫正準備和員警以及那駭意尚未完全消失、老大不高興的公寓女主人一道下樓時，忽然產生了一種好奇心——剛才在隔壁房間裡嬉鬧過的那個女孩和她尋歡作樂的男友，同死者畢竟只隔了一道很薄的牆壁，或許他們有什麼話要和我們講，補充些新的情況。當然也不排除想看一下那個「天使般的女人」，因為她輕微的叫聲和喘息聲居然造成了如此淒慘的悲劇。

於是，大夫敲響了隔壁的門。

但許久沒有人應聲。雷大夫聳聳肩，彷彿看到那兩個人摟在一起在被子裡驚慌失措的樣子。公寓女主人又敲了三次門。並且喊道：「瓊斯小姐！瓊斯小姐！」接著，她掏出自己那串鑰匙，打開了門。然後，只聽一聲驚呼，那個女主人衝出房門，臉都嚇得變了形。

雷大夫走進去，打開窗簾，朝床上掃了一眼，立刻明白了事情的真相，那個懸梁自盡的大學生完全誤解了隔壁傳來的那些響聲性質。這個金髮女郎的頭部枕在長枕上，砒霜發作時的痛苦沒能抹去她的美貌，女孩已死了幾小時了，臨終前，她一定掙扎了很久。桌子上留有一份遺書，一看，女孩的輕生也是因為受不了孤獨和對人生感到極度的厭惡。

多麼悲哀的故事。天國裡又增加了兩個飄移不定的孤魂。漂亮的金髮女郎，年輕的小夥子，你們為什麼彼此都不敢敲敲那堵牆呢？為什麼樓梯相遇時彼此不問一聲好呢？為什麼不在寒冷的夜晚，煮上一壺咖啡彼此訴訴苦衷呢？也許小夥子把自己的傾慕告訴了那女孩，會使她對生活產生一些希望；也許那女孩聽了小夥子的傾訴，會感到世間還有不少溫暖；也許小夥子的傾訴，可以使孤獨化解；也許女孩的訴說會使小夥子產生「同是天涯淪落人，相見何必曾相識」的情感；也許遇到一個性格開朗的女孩，她的嫣然一笑會給小夥子以傾訴的勇氣；也許遇到一個性格剛強的小夥子，他會猛錘那堵牆，或喚來女主人，解開「嘎吱」或「喘息」之謎。然而他們卻因為缺少語言的交流，而錯過了相識、相知、相愛的機會，雙雙走上了絕路。

【這段對話的關鍵是什麼？】

這個故事也許會對你有所啟示。當你在生活中遇到苦悶、孤獨的時候，不妨找你認為的好朋友去傾訴一番，當你對一個人產生了好感而又不知向對方作何表示而苦惱時，不妨大膽的向對方說明；當你因某種原因而想結束自己的生命之前，不妨用力的捶一捶你身邊的「牆」，也許在「牆」的那一邊也有一顆被苦悶煎熬著的心。

煩悶和孤獨，終究不是好事，不能主動的表露自己的喜怒哀樂，會造成諸多的遺憾。

該說時不說，使你錯過了許多良機，疏遠了朋友。

擺脫潔身自好、顧影自憐的性格，交幾個知心朋友；有話就說，不再因為怕人譏諷而把該說的話咽回去，想做的事大膽的去做，想說的話大膽的去說。人總不能孤獨的生活一輩子，該說的時候，一定要說！

巧妙計畫　精心安排

在你和女孩交往的過程中，對面的女孩能不能成為你老婆還猶豫不決，所以說話須小心謹慎。不要急吼吼的說：「我愛你！」應審時度勢，巧妙計畫，精心安排，然後再表達你的愛意。

儘管你可能非常喜歡你的約會對象，最好不要在第一次約會就說「喜歡」。因為初次約會還不很了解對方的心意，如果貿然提到這種問題，反而會令對方感到驚駭而不知所措，可能就不會再有第二次的約會了。

對方願意赴約，就應該不會太討厭自己。不要忘了「愛」並不是一廂情願，是借一次又一次的約會，自然培養而來的。即使沒說「喜歡」，只要能覺出對方對你表示友好的態度，這就是「喜歡」的表現了。只要不特別去把「喜歡」說出口，對方欣然接受第二次約會的可能性應該很大。此外，說出「我愛你」的話，恐怕只會造成反效果。

有一本紀實小說寫了這樣一個情節：一九六〇年夏天，一個週六的下午，一位五官端正、衣著入時的青年手捧一束紅玫瑰，禮貌的敲一間公寓的門。公寓的主人是聯邦德國外交部年輕女祕書海因茲。她謹慎的打開門，面對這位不速之客，她不知所措。難堪之餘，這位男士連連道歉：「我敲錯了門，是個誤會，請原諒。」然後轉身離去。

未走兩步，他又轉身走過來對海因茲說：「請收下這束鮮花，作為我打擾你的補償。」海因茲盛情難卻，把他請進房裡，兩人就這樣認識了。實際上，這次偶然的誤會是男青年早就企劃好了的。不過，像這樣的善意「欺騙」，並不傷害對方。

【這段對話的關鍵是什麼？】

若要想使戀愛成功，是必須要有這種程度的熱心的。平常，一般人都不會特別去計畫，在幾分鐘的有限時間內，該說什麼特別準備的話。然而只要試一次，計時練習說話的話，應該會有意想不到的結果產生。不必太過巧言，只要盡力把自己的誠意傳達給對方，讓他（她）知曉就可以了。

通常你要是害怕第一次見面給對方的印象不佳時，你可以事先精心安排一下約會的情景，在這種情況下你必須充分的準備在各種非常情況下的對策，這樣才能萬無一失，從而在對方的心裡留下對你的美好印象。

與愛人說話→和諧策略

夫妻之間只有徹底諒解，全心包容，經常包容，並且感情真摯不渝，對生活有一致的看法，有共同的理想與信念，才能在人生的旅途上平安度過大大小小的風波，成為琴瑟和諧的伴侶。

珍惜愛情　互敬互諒

從現實生活中我們可以看到：珍重感情，珍重愛情，能夠幫助我們克服婚姻和家庭中的許多困難，使家庭充滿快樂與和諧。

作為家庭的每個成員特別是主要成員——夫婦倆，都應該學會以笑代替苦惱，以愉悅的形象表達個人的真誠和心靈的善良，用你的愛，使你和家人的關係變得更親密、協調、和睦。

美國著名作家馬克．吐溫愛上了頭髮烏黑、美貌驚人的莉薇小姐。他們舉行了婚禮，美滿的婚姻給他們帶來無限的幸福。不久，馬克．吐溫給友人寫信，在信中他不無幽默的說：「如果一個人婚後的全部生活都和我們一樣幸福的話，那麼我算是自己浪費了三十年的時光。假如一切能從頭開始，那麼我將會在牙牙學語的嬰兒時期就結婚，而不會把時間荒廢在磨牙和打碎瓶瓶罐罐上。」從中，我們可以看到他是多麼珍惜自己的愛情。

被全世界都傳為美談的英國溫莎公爵，也就是原來的愛德華八世，他為了獲取愛情，竟放棄了自己的王位，真是「不愛江山愛美人」。有一次，公爵和幾位朋友談論如何能使夫人們感到心情愉快。他幽默風趣的說：「應當承認，在這方面我比各位都更為有利。在遇到困難時，如果能提醒夫人說正是為了她才放棄王位，那對於事情解決是很有好處的。」

有人問歐妮．龐貝在她用錢所買的東西中，哪件價值最高，她不假思索的回答：「我的結婚戒指。多少年了，它都沒有失去它的價值，在誘惑面前，它使我不為所動。在晚會上，它提醒我有丈夫該回家了。在聚餐時，它讓其他人不至於因自作多情而想入非非。在產科病房時，它是我作為合法妻子的標誌。在過去的三十年中，它一直沒忘記說，『有人愛著我』。」

【這段對話的關鍵是什麼？】

婚姻與愛情的核心是奉獻，不是交易。愛是存在於共同分享興趣、愛好、成功、失敗的人們之間的一種態度、一種精神。有了愛，有了珍惜愛情的心，才能使雙方感到兩人必須一道生活。凡此事例，不勝枚舉。總之，夫妻雙方甚至家庭中的每個成員，只要珍惜感情，懂得互敬互諒，那麼家庭定會減少憂愁和摩擦，歡聲笑語將彌漫您的整個家庭。

一個美滿的家庭，就像一輛行駛在漫長公路上的汽車，除需把握好方向和加入燃料外，同時切莫忘記給車子加入「潤滑油」，免得機器摩擦過熱，發生故障而拋錨。相信每一對懂得讚美和珍惜愛情的夫婦心裡都明白這種「潤滑油」對他們的美滿的婚姻該是多麼的重要。珍惜愛情，正是像重視這種「潤滑油」那樣。有了珍惜愛情的思想和心理，雙方就會理解和寬容，就會保持溫暖和諧的家庭氣氛。

情感交流　不可忽視

在婚姻中，正像歌詞裡說的那樣「相愛簡單，相處太難」。在戀愛之初，相互覺得性格相投、相處融洽，為什麼一旦有了婚姻之後，卻發現彼此間有那麼多的差異，這時，語言的溝通有著極其重要的作用。

在性格不同的夫妻身上，我們往往更容易發現一些不盡相同的特點，或者會遭遇到一些不熟悉、不習慣的東西。如果我們對那些與自己不同的特點、習慣、興趣和愛好的人過度挑剔，其結果是不堪設想的。

林肯一生的大悲劇，就是他的婚姻，而不是他的被刺殺。布斯開了槍以後，林肯就不省人事，永遠不知道他被殺了，但是幾乎二十三年來的每一天，他所得到的是什麼呢？根據他律師事務所合夥人荷恩登所描述的，是「婚姻不幸的結果」。「婚姻不幸」說的還是婉轉呢！幾乎有四分之一個世紀，林肯夫人嘮叨著他，騷擾著他，使他不得安靜。

她老是抱怨這，抱怨那，老是批評她的丈夫：他的一切，從來就沒有對的。他老是傴僂著肩膀，走路的樣子也很醜。他提起腳步，直上直下的，像一個印第安人。她抱怨他走路沒有彈性，姿態不夠優雅；她模仿他走路的樣子以取笑他，並嘮叨著，要他走路時腳尖先著地，就像她從勒星頓德爾夫人寄宿學校所學來的那樣。

他的兩隻大耳朵，成直角的長在他頭上的樣子，她也不喜歡。她甚至還告訴他，說他鼻子不直，嘴唇太突出。看起來像癆病鬼，手和腳太大，而頭又太小。

亞伯拉罕．林肯和瑪利．陶德，在各方面都是相反的：教育、背景、脾氣、愛好，以及想法，都是相反的。他們經常使對方不快。

「林肯夫人高而尖銳的聲音，」這一代最傑出的林肯權威、原參議員亞爾伯特．貝維瑞治寫著，「在對街都可以聽到，她盛怒時不停的責罵聲，遠傳到附近的鄰居家。她發洩怒氣的方式常常還不僅是言語而已。她暴躁的行為簡直太多了，真是說也說不完。」

舉一個例子來說，林肯夫婦剛結婚之後，跟傑可比．歐莉夫人住在一起——歐莉夫人是一位醫生的遺孀，環境使她不得不分租房子和提供膳食。

一天早晨，林肯夫婦正在吃早餐，林肯做了某件事情，引起了他太太的暴躁脾氣。究竟是什麼事，現在已經沒有人記得了。但是林肯夫人在盛怒之下，把一杯熱咖啡潑在她丈夫的臉上，當時還有許多其他房客在場。

當歐莉夫人進來，用濕毛巾替他擦臉和衣服的時候，林肯羞愧的靜靜坐在那裡，不發一言。

林肯夫人的嫉妒，是如此的愚蠢、凶暴和令人不能相信，只要讀到她在大眾場合所弄出來的可悲而又有失風度的場面——而且在七十五年以後這一切都叫人驚訝不已。她最後終於心理失常，發瘋了。

【這段對話的關鍵是什麼？】

有專家分析指出，林肯夫人之所以脾氣暴躁，有很大的原因是受夫妻之間缺少情感交流和心理溝通的影響。可見，經常的情感交流是恩愛夫妻的一個共同的特點，在邁向恩愛和睦的大道上，是需要付出代價的，愛情需要時間的考驗、精神上的投資和情感上的積極的交流。

夫妻間要注意的方面還有很多，但只要我們以誠相待，注意各自的修養，講究交談藝術，明確彼此的心理需求，就能使夫妻生活更加幸福美滿，夫妻恩愛。

調味生活　化解危機

幽默在很多場合都可以發揮作用，在夫妻生活中也不例外。幽默是夫妻生活的潤滑劑。要使幽默發揮作用，就得在適當時機使用。憂愁、興奮在夫妻生活中往往會交替出現。適當的說笑打趣，可以使夫妻解除不必要的煩惱。當對方心緒不佳時，盡量不說不愉快的事。在這種情況下，你不妨說一些有意思的趣事。

一位年輕的妻子等丈夫等得不耐煩了，丈夫回家後，她噘著嘴，不理會他。丈夫風趣的說：「怎麼一日不見（我）如隔三秋哇，你想我想得心煩了吧？」妻子被丈夫逗樂了。

另外，當對方高興時，千萬不能敗興，因為這是相互尊重的表現。馬克思曾與人談及他的生活：「她高興，我讓她盡情；她煩惱，我要讓她的煩惱消除。」燕妮曾興致勃勃的縫製著小孩的衣服，馬克思上前去說：「親愛的，讓他爸爸瞧瞧。如果沒有我的努力，你會失望的。」一句話，幽默風趣，說得燕妮漲紅了臉。

夫妻間透過幽默不斷的調節，可以不斷的消除障礙，使愛情之舟揚帆遠行。

一位妻子常常在丈夫面前嘮叨個沒完沒了，丈夫幽默的說：「好吧，讓我洗洗耳朵再來聽吧。」一句話，妻子便覺得自己說得太多了。夫妻間的勸說、爭論，既要注意語言美，又要注意分寸，注意以理服人，以免傷害對方的自尊心。

幽默還可以使夫妻間的矛盾化干戈為玉帛。培根說過，「一切高尚的家庭，總有一種美的樂趣在吸引。」

約翰先生下班回到家時，發現他的妻子正在收拾行李。「你在做什麼?」他問。「我再也待不下去了。」她大聲喊道：「一年到頭，老是爭吵不休，我要離開這個家!」

約翰困惑的站在那裡，望著他的妻子提著皮箱漸漸走遠。忽然，他情急生智，衝進房間，從架上抓起一個皮箱也衝向門外，對著正在遠去的妻子喊道：「等一等，親愛的，這樣的家我也待不下去了，我和你一起走!」怒氣衝天的妻子聽到他這句既好笑又充滿對自己愛心與歉意的話，像是一隻充滿了氣的皮球被紮了一個洞，所有的怨氣都慢慢的消失了。

【這段對話的關鍵是什麼?】

上述中的幾個小例子，都是以幽默風趣的語言直接切入到對方的心理，從而打動了對方，使矛盾和怨氣煙消雲散。

在這個生活節奏日漸快速的社會環境中，因此人們時常感受到一種莫名的心理壓力和焦慮情緒，而幽默是最好的「減壓閥」。它不僅能是你的心情變得輕鬆愉快，而且有助於你的家庭生活的和諧美滿。

為其喝彩　幸福永遠

每個男人都知道，用奉承的方式可使他的太太願意做任何事情，而且什麼也不顧的去做。他知道，如果他只誇獎她幾句，說她家庭管理得如何的好，說她如何的幫助了他而不必花他一個錢，她都會把她的每一分錢都賠上了。每一個男人都知道，如果告訴他太太，說她穿上去年的某件衣服將會是多麼的美麗可愛，她就會寧願不買從國外進口的最新款式。

每一個太太都知道她丈夫了解這些事情，因為她早已把如何對待她的方式全部告訴了他。但他寧願不順從她的意思，反而花錢吃不好的東西，把錢浪費在為她買新衣服、新型豪華轎車上，而不願花精神來奉承她一點，不願意以她所要的方式來對待她。她真不知道該喜歡他呢，還是討厭他。

洛杉磯家庭關係學社社長保羅．波皮諾說：「大部分的男人，在尋找太太的時候，不是去找一位能幹的人，而是要找一位誘人而又願意滿足他們的虛榮心、並能夠使他們覺得超人一等的人。因此，一個公司或機構的女主管，可能會有人來請她吃飯，但只是一次而已。她很可能會把她所記得的、在大學念《現代哲學主流》的時候聽到的一點東西搬出來，甚至還堅持要付自己的帳。結果呢，以後她就得學著一個人吃飯了。沒有上過大學的打字小姐卻不相同，當被人請去吃飯的時候，她會以熱情的目光注視著她的護花使者，說話帶著無限的深情。『現在請你告訴我一些有關你自己的事。』結果，男人們對他人說，『她並不十分美麗，但我從來沒有遇到過比她更會說話的人。』」

對於女人在打扮美麗和穿著入時方面所花去的心思，男人應該表示出他的賞識。所有的男人，都知道女人非常注意衣著，但也常常會忘記這件事。例如：有一個男人和一個女人，在街上遇到了另一個男人和女人，這位女人很少會看另外一個男人，她通常會注意看另一位女人的衣著怎樣。

卡內基的祖母在九十八歲的高齡去世了。就在她去世前不久，大家給她看一張她在三十多年前所照的照片。她的眼睛已經不太好，看不清楚照片，但她只問了一個問題：「我穿的是什麼樣的衣服？」一位風燭殘年的老婦人久病在床，近一世紀的時光已耗盡她的一切精力，她記憶力衰退得那麼快，甚至連自己的女兒也認不出來，仍然還想知道在三十年前穿的是什麼衣服！

男人不會記得他們五年以前穿的是什麼西裝或襯衫，而且根本就沒有記住這些事情的念頭。但是女人就不同了。法國上層階級的男人，對這方面認識相當深刻。他們不但對女人穿戴的衣帽表示讚美，並且在一個晚上不止讚美一次，而是好幾次。幾千萬個法國男人都這麼做，一定有他們的道理。

你為什麼不對你太太這樣做呢?下次，當雞腿醬得鮮嫩可口，就對她如此說，讓她知道你非常欣賞她的手藝。假如你是那樣的話，她在心裡就會知道，她對於你的幸福快樂占有重要的地位。

【這段對話的關鍵是什麼？】

因此，如果你要維持家庭生活的幸福快樂，請記住這條規則：要經常讚美你的愛人。不要批評，而是要盡量去讚美。

我們要盡一切努力，要使愛人知道我們對她（他）的喝彩。這樣她（他）才會從心理上接受你的讚賞，從而使你們的生活更加和諧。也就是說，夫妻要從對方那裡得到快樂，那一定是得自於他們互相的讚賞和忠實的熱愛。如果讚賞和忠實的熱愛出自他的真心，他們就會發自內心的感到幸福快樂。

減少爭吵　學會包容

家庭剛剛誕生之時，它有如一株破土而出的嫩芽，非常脆弱。統計資料證明了這一事實，這一時期的離婚率很高，相當於各個時期離婚率總和的六分之一至三分之一，什麼原因使青年人的家庭如此不穩定呢？

據社會學家調查，一個重要的原因是感情至上（或叫做感情萬能）。小夫妻倆憧憬著自己的家庭生活，把它看得絢麗奪目，五彩繽紛。啊，多麼美好的前程，多麼令人嚮往的家庭生活！熱戀的人們無所畏懼，只要能夠在一起，在一起就能所向披靡！的確，相信感情的作用乃是重要的。但，絕不要以為只要有了愛情，其他一切就會迎刃而解。青年夫婦遲早要理解，一切時間都是在一起度過，生活是多麼的不簡單！家庭的幸福不單單是取決於人們的感情，而且取決於他們內心的品質和美德：心地善良、品德美好、恭謹謙讓、知書達理、關心別人、利他主義。愛情需要珍惜、愛護，更需要溫暖和光明。如果缺少這些，家庭遲早就有可能凋謝乃至夭折。

忍耐性是必須在自己身上培養的一種品德。所謂忍耐性，並不是指容忍那種導致犯罪的缺點，而是指容忍日常生活中經常發生的一些瑣事。

愛倫和大衛夫婦倆外出旅遊，當他們來到一家旅館時已經疲憊不堪了。愛倫不顧勞累的收拾好房間，準備用餐，旅館的服務員走進來，說他們沒有預定房間。大衛找出愛倫的訂單，這時愛倫驚呼道：「糟了，我記錯了日期！」大衛卻說：「親愛的，不必擔心，我們還會找到別的辦法。」透過這件事，愛倫幸福的意識到自己找了一個好丈夫。

羅伯特坐在窗邊的椅子上，椅套是妻子新織的，一不小心，他手中的菸頭掉下來把椅套燒了個洞，他深感後悔，可妻子海倫絲毫沒有嗔怪於他，而是說了一些無關緊要的話，然後用絲線在洞口處繡出了一朵豔麗的花。

羅伯特感慨的說：「此時我才明白，這是個能與我同甘共苦的妻子，因為她不僅能縫補好漏洞，而且還能慰藉心靈。」。

【這段對話的關鍵是什麼?】

上述這些幸福美滿的婚姻證明了一個道理，只要相敬如賓，寬容包容，那夫妻間的感情是美好而富有生機的。

年輕夫婦要學會在爭吵中讓步，這一點十分重要。沒有衝突的家庭是不存在的。任何一種衝突都應該在沒有吵鬧聲中得以解決。如果你覺得內心很氣惱，很想發洩，那麼，勸你此刻最好離開，讓自己去做點別的什麼事情。待冷靜下來後，你再以和氣的話語調解夫妻彼此的爭吵，讓彼此的心靈再次貼近。

抱怨嘮叨　於事無補

抱怨和嘮叨是對夫婦關係破壞性最大的因素。因此，如果你要維護家庭生活的幸福快樂，就應該減少抱怨和嘮叨，欣賞現有的生活。抱怨讓人意氣消沉，還不如用正面的話語來鼓勵愛人。平常我們應該懷著一份感恩的心去感受生活，那麼你會看到身邊更多美好的事物，更多施予於我們身上不求回報的愛，那麼你便會減少抱怨，心情更加舒暢，心境也隨之會更加年輕。

托爾斯泰伯爵的夫人也發現了這點——可是太晚了，在她逝世之前，她向幾個女兒們承認道：「是我害死了你們的父親。」她的女兒們知道她的母親說得不錯，她們知道她是以不斷的埋怨、永遠沒完的批評和永遠沒完的抱怨和嘮叨，把父親害死的。

從各方面來說，托爾斯泰伯爵和夫人應該是幸福的一對。兩本巨著《戰爭與和平》和《安娜．卡列尼娜》奠定了托爾斯泰在世界文學上的地位。

除名聲以外，托爾斯泰和他的夫人還有財富、社會地位、小孩。天下從來就沒有像這樣美滿的婚姻，在開始的時候，他們的幸福似乎是太完美了，太甜蜜了，一定會白頭偕老。因此，兩個人跪在一起，祈禱全能的上帝，永遠不斷的把幸福賜給他們。

然而好景不常，托爾斯泰慢慢改變，變成一個完全不同的人。他對自己所寫的巨著感到羞恥，並從那個時候開始，他獻身於寫些宣傳和平，以及廢除戰爭和貧窮的小冊子。

托爾斯泰承認在他年輕的時候，犯過每一件可以想像出的罪惡——甚至包括謀殺，他試著完全遵循耶穌所說的話，把自己的產業送給別人，過窮苦的生活。自己在田地上工作，砍柴叉草，自己做鞋，掃地，用木碗吃飯，以及試著去愛他的敵人。

托爾斯泰的一生是一場悲劇，而之所以成為悲劇，原因在於他的婚姻。他的夫人喜愛華麗，但他卻看不慣。她熱愛名聲和社會讚譽，但這些虛浮的事情，對他卻毫無意義。她渴望金錢財富，但他認為財富和私人財產是罪惡的事。

多年以來，由於他堅持把著作的版權一分不要的送給別人，她就一直嘮叨著，責罵著和哭鬧著。她要拿回那些書所能賺到的錢。

當他不理會她的時候，她就歇斯底里起來，在地上打滾，手上拿著一瓶鴉片，發誓要自殺，以及威脅說要跳井。

當托爾斯泰八十二歲時，他再也不能忍受家裡那種悲慘不快樂的情形了，於是在一個下著大雪的夜裡，逃離了他的夫人——逃離寒冷的黑暗，不知道到哪裡去好。

十一天以後，他因肺炎死在一個火車站裡。他臨死前的要求是，不許她來到他的身邊。

【這段對話的關鍵是什麼？】

在這個事例中，由於托爾斯泰伯爵夫人嘮叨、抱怨和歇斯底里而造成了如此的結果。在夫婦生活中，應當特別警惕一些對夫婦關係破壞性最大的因素——抱怨和嘮叨。因為這對對方的心理和彼此的感情傷害是最深、最大的。

抱怨嘮叨的結果總是非常不妙的。首先，它使我們自己感到更加被動，感到自己成了對方的犧牲品。其實，抱怨嘮叨或多或少是因為我們希望愛情關係有所變化。它使我們理所當然的認為對方應該主動採取行動以滿足我們的要求。另外，抱怨嘮叨會有意識的引起對方心理的負罪感。但是，我們對對方不斷的抱怨嘮叨所得到的回報絕對不會是積極意義上的改變，而是對方反感和敵意的增加。不要因你自己的習慣養成對方的習慣，而應該採取的方法是：我們自己所承擔的責任越多，對對方的抱怨嘮叨就越少，最重要的是我們就會越幸福。

風雨同舟　更顯溫情

在生活中，我們常有緣目睹女性們身處逆境時所表現出來的堅忍不拔的氣概。那些能摧毀男子漢的意志並使其一蹶不振的災難，喚起的卻是柔弱女性的異乎尋常的力量，使女性變得如此之無畏與崇高，成為她丈夫的安慰者和支持者，並以毫不退縮的剛強勇氣，抵擋著逆境中最劇烈的衝擊。這是走出困境的保障，也是維持夫妻關係和美的巨大財富。

萊斯利和一位容貌俊俏、才華橫溢、在上流社會長大成人的千金小姐締結了良緣。事實上她並不富有，而萊斯利卻腰纏萬貫。萊斯利滿懷喜悅的期待著能讓妻子盡情分享人間一切高雅的歡樂。他說：「她將如同神話一般的生活。」

但是，似錦的前程卻突然面臨厄運。在婚後幾個月時，萊斯利將財產用於大宗的投機生意，在遇到一連串突如其來的災難後，他發現自己如遭洗劫，變得身無分文了。在一段時間裡，他對自己這種境遇一直守口如瓶。他形容枯槁，愁腸寸斷，每日裡處於一種持續的煎熬之中；更使他難以忍受的是必須在妻子面前強顏歡笑，因為他不忍心讓這消息使她如坐冷水盆中。

然而，她以深情的敏銳的目光覺察到了丈夫的異樣。她留意到他神態的變化及他那被抑制住的歎息。她沒有被丈夫勉強裝出的不自然的快樂表情所矇騙。她竭力想以自己的勃勃生氣和脈脈含情給他帶回失去的歡樂。但這一切只能更加刺痛他的心。他越是覺得愛她，就越加被一種即將給她帶來不幸的念頭所折磨。

一天，他找來了摯友歐文。他以深深的絕望語調對歐文訴說了他的全部遭遇。聽後，歐文問道：「你妻子知道這一切嗎？」

這句話竟使他聲淚俱下。他呼號著說：「請別提起她吧。一想到她，我都快給逼瘋了！」

「可為什麼你不告訴她呢？」歐文說道，「遲早她總會知道的。你總不能永遠瞞著她。」

「哦，可是，我的朋友，請想想吧，對她講她的丈夫成了一個身無分文的窮光蛋，這對她該是多麼巨大的打擊！難道告訴她摒棄生活中一切高雅豪華的東西，拒絕社會上的一切歡欣快樂，而去和我一起龜縮在困頓和沉默的角落裡！」

「可是你怎麼能對她保密呢？她必須了解情況。你們也要對急轉直下的境況採取適當的措施！」

歐文的態度和借喻的語言所內含的某些懇切的情愫激發起了萊斯利激越情感的想像

力，於是，歐文便趁熱打鐵，在談話結束前勸說好友回家向妻子傾吐心聲。

第二天清晨，萊斯利居然對她全盤托出了事情的真相。

「怎麼樣，她發牢騷了？」第二天，歐文問道。

萊斯利答道：「不，她愜意得很，情緒好極了！說實在的，她看上去比從我認識她以來的任何時候情緒都要高漲；她對於我，就是愛，就是溫存和寬慰！」

「一個令人欽佩的女孩！」歐文感歎道，「你自稱窮光蛋，我的朋友，可你從未這般富有——你可知道在這女人身上擁有的是取之不盡的財富——美德呀。」

「哦，可是，我的朋友，今天可是她真正有所體驗的第一天；她已被帶進一個寒酸的住處，平生第一次嘗到了家事勞動的艱辛——她第一次環顧一個沒有任何擺設的家——幾乎沒有東西可為人提供生活便利的家；興許這當兒她已疲憊不堪，無精打采的一屁股坐在那個角落，正為將來的困頓前景害怕哩。」

他們從大路拐入一條狹窄的小道。當他們剛走近農舍時，裡面傳來了音樂聲——萊斯利抓住了歐文的胳膊。他們駐足傾聽。那是瑪麗的歌聲！她吟唱著，歌聲婉轉動人，唱的是一首她丈夫格外喜愛的小調。

歐文感覺萊斯利放在自己臂上的手在顫抖。為了聽得更真切，他移步向前。他的腳步在沙礫上發出了聲響。這時一張嫵媚俏麗的臉龐在窗口閃現了一下，旋即就消失了——傳來輕盈的腳步聲——接著瑪麗邁著輕快的步伐前來迎接他們。

她喊道：「我親愛的！你可回來了，我一直盼啊，盼啊，我在房後的一棵美麗的樹下擺了一張桌子，還採摘了一些最鮮美的草莓，我知道你最喜歡吃草莓——再說我們的起司可鮮美了。這裡的一切真是太美了，太寧靜了——啊！」她說著，用手挽住他的手臂，喜氣洋洋的盯著他的臉。

可憐的萊斯利被這樣溫暖的話語征服了。他後來對朋友說，他後來的境遇雖然好，也確曾有過美滿的生活，然而，但像在他身處逆境時與愛人風雨同舟的幸福感覺卻是過去從來未有過的。

【這段對話的關鍵是什麼？】

故事中的萊斯利財富散盡後一直在擔心，直到他把真相說給妻子後，還在擔心妻子從此離他遠去。但聰明而賢慧的妻子並不像他想像的那樣，相反，作為妻子，她以溫暖而平和的話語將事情輕描淡寫了過去，使丈夫內心感到非常的舒坦和幸福。

正所謂「良言一句三冬暖」，當我們的愛人身處逆境時，我們不妨用令人感到溫暖的話語來撫慰愛人冰冷的內心，讓愛人絕望的心中重新燃起希望的火種。

表示歉意　緩和矛盾

當夫妻發生矛盾爭吵後，最理想的解決方式當然是夫妻雙方都能讓步。不過讓步這回事對男人來說，還是相當難以啟齒的，「想這麼做，可是……」。女人應該了解男人的心理。有時男人的固執是處於這個男性競爭社會的需要。男人那高昂的頭代表著他特有的自尊、威信，戰勝同類的勇氣與力量。要他低下高昂的頭，那如同宣告他不是男人！聰明的女人必須懂得以自己的讓步，維護自己丈夫那莫名的驕傲。

而微妙的是往往女方讓步說「是我不好」時，而由於這麼一讓步，男方也會道歉說：「算了，我也有不好的地方！」夫妻爭吵也就此落幕。所以，會讓步的女人也應該明白，真正的男人哪怕是驕傲的英雄，心裡想的還是女人，只要你是他的至愛！

諾曼．文森特．皮爾博士經過一場冗長的婚姻調解後，回到家裡渾身無力。他疲憊不堪的自言自語道：「但願有人給我一個能夠挽救那些搖搖欲墜的婚姻關係的妙方。」

他當牧師的父親正好在他家串門。「我給你一個。」他父親說，「這個方子只有一句話，你只消說服夫妻倆互道一次『對不起』，試試看，你會明白它的效力的。」

於是，皮爾真的這樣試了試。他發現父親說的不假，這句話的力量似乎能把山搬走。在以後從事的婚姻問題調解工作中，皮爾經常使用它。當一對爭吵的夫妻來到他這裡，他會私下對每一方都這樣說：「我知道你受了很多的委屈，但是請告訴我，你對你自己的哪一個舉動是最感到抱歉的呢？」無論多麼勉強，他們總還能承認一些缺欠和不當之處。然後，皮爾就把雙方都召集在一起，並且要求他們把曾經對自己說過的話重複一次。那時，即便有多麼大的怨恨和氣惱，一個道歉的表示常常會為解決問題打開突破口。

皮爾有一位當大夫的朋友、已故的克拉倫斯．伯利曾對他講過這樣一件事：

一位訴說有各種各樣病痛的男人到他那裡去看病，這個人頭疼、失眠、消化紊亂，可是卻找不到任何生理上的原因。最後，利伯對他說：「除非你告訴我你的良心上有什麼不安，否則我是無法幫助你的。」

經過痛苦的思想鬥爭，這個人終於承認，他背著妻子拿了家裡的很多錢去賭博而內心十分的愧疚。馬上，這位明智的老大夫便敦促這個人給他的妻子寫了一封信，以請求妻子的寬恕，並隨信附寄了一張支票作為第一步的補償。然後，他一直護送這個人把這封信送到郵局，當這封信隨著傳送帶在檢信口消失的時候，這個男人流出了熱淚。「謝謝你，」他說，「我相信我的病都治好了。」他的的確確恢復了健康。

【這段對話的關鍵是什麼？】

如果你想到你錯待了愛人，或者對愛人過於嚴厲，或者只是疏忽怠慢了愛人，應當對愛人表示歉意，請馬上有所表示吧。寫一張紙條、打個電話等等，只要能傳達你的心意的任何語言都可以。對愛人表示歉意的語言應該是這樣的：「我因為我們之間的隔閡而感到不愉快，特致意於你，但願我們能夠和好如初，不計前嫌。希望你能接受帶來了這個資訊的和解姿態，這個資訊包含著世界上最能起和解作用的一句話：『對不起。』」

真正的道歉還不僅僅是承認一個錯誤，它還表明，你意識到自己的言談舉止有損於你與愛人之間的關係，而且對補償和重建這種關係有著相當的願望。這絕不是件輕而易舉的事情，承認錯誤是令人難堪的。但是一旦你迫使自己勇敢這樣去做，克制自己的驕傲心理，它將會成為一種奇妙的醫治愛人心靈創傷的癒合劑。

與對手說話↓攻心策略

只有攻心者，方能使對方信服。

城池可以摧毀，但人心不折服；敵將可以抓獲，但志氣不奪取。攻心術的效能最能摧毀一個人的意志，從根本上征服別人。攻取人心，就要用理來說服，用感情來打動，用義來引導，用威來懾服。

捧殺對手　迫其就範

高爾夫球中有一句術語叫「捧殺」，即，假如某人高爾夫球打得非常出色，在他玩得最開心的時候，用力的稱讚他，那人便會失常，無法準確的把握擊球的方向。

有這樣一個事例：一天，東京京橋的蛇目縫紉機工業總公司的社長島田，收到松下的一封詞句誠懇的親筆信，他正在高興之際，記者鈴木「駕臨」。島田遞過信，朝記者先生神祕的一笑，不無得意的說：「這是松下先生寫給我的親筆信。」

「你認識松下先生嗎？」鈴木接過信問道。

「不，從未見過面。我是久慕他的大名，至於他，恐怕也聽說過我。」島田一臉高興的表情。

鈴木展開那封信，字跡清秀工整，立即給人嚴肅認真的聯想。信的大致內容是大加誇讚蛇目縫紉機獨特的經營作風。松下電器也想插入此行業，請島田到京都的真真庵詳談。

真真庵是松下長期以來招待賓客的京都宅邸，如果不是松下自己的客人，是不會在那裡招待的。對了解這些內情的島田而言，接到如此榮譽的請柬，自然萬分感激。

但是，記者鈴木讀完這封信，就感到裡面有文章，否則松下不會給素未謀面的島田寫這樣的親筆信。

也許是記者的職業毛病，鈴木直言不諱的提醒島田：「島田先生，這是松下幸之助的陰謀！」

島田吃驚的看著記者的臉：「什麼?你說的陰謀是……」

「蛇目縫紉機有六百家營業所吧，假設六百家營業所都出售電器產品，結果會怎麼樣?你不認為是對松下電器的威脅嗎?」鈴木看著天花板自顧自的說：「松下的陰謀你還沒有看出來?」

剛才還處在興致勃勃中的島田，聽了鈴木的話，沸騰的血有些發涼了。但是島田不相信那是松下的陰謀，還是毅然接受了松下先生的讚美，結果導致了最後的失敗。

【這段對話的關鍵是什麼？】

在這個事例中，松下盛讚蛇目公司「專業」經營的用意，經過鈴木解釋，島田應該十分清楚。但是，島田並沒往心裡去，他把松下的信刊登在公司內部報刊上，向員工誇耀自己的想法如何高明，以至於受到「經營之神」的賞識等等。

松下沒有必要讓島田的企業在縫紉機行業中水準失常，只是要島田的注意力框死在縫紉機上，希望他即使經營不善，也不要插手到電器行業中去。島田越把松下當作「經營之神」來尊敬，那效果越好。

松下正是因為認識到這一點，才向島田寫那封信的。而後來的事實又偏偏證實了這一點。這裡，松下給島田的信再高明不過了，他用心良苦，徹底使島田放棄了競爭的打算，避免無謂的「流血犧牲」。

在此，松下深知對手的實力，所以他巧妙的採取攻心策略中的「捧殺」方法。先是在心理上讓對手有一種優越感，讓對手把自以為是正確的商業策略錯誤的執行下去。使對手越陷越深，無法自拔。

言其利害　攻心有術

孫子言：「不戰而屈人之兵，善之善也」，「攻城為下，攻心為上」。這些都是典型的攻心術，試想如果從心理上，就讓別人屈服於你，你不需費一兵一卒，那不是很愉快嗎！

明孝宗年間，孔鏞被任命為田州知府。到任才三天，州內的軍隊全都被調動到別處去了。這時，峒族人突然進犯州城，情況危急。

孔鏞問大家該怎麼辦，眾人都提議關起城門來固守。孔鏞卻說：「這座城孤立無援，內部又空虛，守城能堅持幾天？只有因勢利導，用朝廷的恩威去說服他們，也許他們會自動退兵。」

大家都覺得這樣做很難成功。因為他們都清楚峒人的習性，他們不會按照漢人的規矩做事，一不高興，不管什麼來使不來使，先殺了再說。

孔鏞力排眾議，只帶了兩名隨從出使去招降峒人。

等到進入峒人的地界，兩個從人也不知什麼時候溜了。到了首領的寨子，峒兵列出刀槍，讓孔鏞從下面經過。

孔鏞站在寨子裡，看著站在一邊的峒人首領說：「我是新任的太守，是你們的父母官，請拿座位來，你們也好參見。」

首領一擺手，下面人就把一個坐榻放在地中間。孔鏞坐下，又說：「各位請靠前些吧。」

眾人不知不覺向前靠了幾步。峒人首領問：「你叫什麼？」

孔鏞說：「我姓孔，就叫我孔太守吧。」

首領驚奇的問：「你姓孔，是孔聖人的子孫嗎？」

孔鏞回答說是，這些峒人都一齊下拜。

孔鏞對大家說：「我本知你們是良民，但由於飢寒所迫，才聚集在這裡，以求免於一死。前任官員不體諒你們，動不動就用軍隊來鎮壓，想把你們剿盡殺絕。我現在奉朝廷的命令來做你們的父母官，我把你們看成是晚輩，怎麼忍心殺害你們呢？你們如果真能聽從我的話，我將寬恕你們的罪過。你們可以送我回州府，我把糧食、布匹發給你們，你們以後就不要再出來搶掠了。你們如果不聽從我的話，可以殺掉我，但是接著就會有官兵向你們興師問罪，一切後果就由你們來承擔了。」

峒人被孔太守的膽量震懾了，說：「要是真的像你說的那樣體恤我們，在您任太守期間，我們絕不再騷擾進犯州城。」

孔鏞說：「我一言為定，你們又何必多疑？」於是，眾人再次拜謝。

孔鏞住了一晚，第二天回到州城，送給峒族人許多糧食、布匹，峒族人道謝而歸。後來峒族人就不再做擾民的事了。

【這段對話的關鍵是什麼？】

孔鏞剛一到任，峒人就來侵犯。但孔鏞有膽有識，他認準峒人犯境，一是前任政策不當，被逼無奈，二是他們並不想占領州縣，只是想得些財物。在正確分析對方的心理之後。他認為只有採取恩威並舉，直言利害的方法才能達到攻心服人的效果。所以孔鏞才會深入虎穴，馬到功成。

而且，他的語言分寸感也把握得很好，既不過度溫和，讓對方覺得自己軟弱可欺，又不咄咄逼人，使對方覺得自己是在乘勢要脅。

在運用攻心術時，必須根據對象的不同文化、風俗、情感，採取與對方心理情感相適應的策略。說得明白一點，就是在心理情感上，對方需要什麼就在外部聯繫的層面滿足其什麼，但在內部聯繫即本質的層面上，則是要實現我們自己所要達到的最終目的。

以假亂真　以虛代實

英國著名作家、戲劇家蕭伯納曾經說過：「我開玩笑的方法，就是編造真實。編造真實乃是這個世界最有情趣的玩笑。」的確，編造出來的真實往往更具吸引力，而且如果能運用得當，它還會給你帶來巨大的收穫。

《三國演義》中，張松欲獻四川地圖於曹操。曹操看不起矮小、貌陋的張松，拂袖而去。曹操的心腹楊脩是一位能言善辯的人士，他在斥責張松的同時，傲慢的聲稱曹丞相具有雄才，並出示曹操撰寫過的兵法書籍《孟德新書》來佐證。誰知張松博聞強記，接過書隨便看了一遍，便熟記於胸，而後大笑道：「這本書我們蜀中的三尺小童，都能夠背得，你怎麼能說是『新書』呢？這是戰國時無名氏所作，曹丞相竊為己有，也只能騙得了你這樣的人物！」楊脩駁斥說：「丞相私藏的書，雖然已經成帙，但是並沒有流傳開來。你說蜀中小兒暗誦如流，是在欺騙我吧。」張松立即表示：「你如果不信，我現在就背給你聽。」於是將《孟德新書》從頭至尾背誦一遍，並無一字差錯。楊脩大驚，得知此事的曹操也納悶：「莫非古人與我暗合？」竟然下令將這本書撕碎之後燒毀。於是讓楊脩帶張松來見曹操。

【這段對話的關鍵是什麼？】

在這場交鋒中，張松之所以能夠成功打壓曹操、楊脩的傲慢氣焰，就在於成功編造了一種「真實」，將本來沒有的情況當作客觀事實推出，並得到了對方的信任，最終達到了自己的目的。

對手對你所編造內容的接受程度，取決於對你表達的感知與理解的深淺。你的表達越明晰、越確切、越執著、越有誘惑力，對手的感知與理解力就越強，從而，導致其產生錯覺的概率也越高。因此可以說，以虛代實是在操縱對手的知覺。一旦開始編造，擺在自己面前的，既要千方百計調動對手的情感，使他對自己建立起足夠的信任，又要竭盡全力維護自己的虛擬，使對手沒有任何懷疑的餘地。要讓對方明白：如果不相信你所說的，那麼，便會給自己帶來麻煩；只有相信你所說的，自己才能獲得利益；迫使他只能作出相信你所說的唯一選擇。

編造出的「真實」，由於經過周密思考和精雕細琢，往往更有可信度，雖然這是一種謊言，但從某種意義上講，只要你的謊言合乎情理，它比真誠更能打動人，它是人們交往與溝通的一種生活必須。無論是在工作上還是在生活中，無悖於道德的謊言都會為你贏得更多的好處。

亂其心志　促其自敗

在兵法中，有一計為渾戰計，其精髓就在於「渾」，在實際運用中，示人以「渾」而實則「清」，讓對手摸不著頭腦，亂其心志，然後引誘其按自己的意圖行事，從而達到自己的目的。

建武八年，光武帝出兵攻打隗囂。隗囂的部將高峻，帶領一萬兵馬據守在高平，堅守不降。建威大將軍耿弇圍城一年，始終不能攻克。

劉秀憂心忡忡，就叫人召來寇恂，和他商量如何破城。「高平就目前來看，一時難以攻下。依你之見，該怎麼辦？」

「陛下，高平有險可守，糧草又足。高峻知道，一旦城池失守，他會死無葬身之地，因此他要做困獸之鬥。要硬攻，難啊。再說，死攻硬守，城裡的百姓要生靈塗炭的。依臣之見，不如招降。」

劉秀知道，寇恂足智多謀，又素有愛民的美稱。於是便說：「兵法上講，不戰而屈人之兵，是上策。但問題是高峻肯降嗎？」

寇恂回答說：「現在大軍壓境，固守終究不是長久之計。如果陳說利害，我想高峻會懾於陛下的天威，交出城池的。」

劉秀大喜，便派寇恂帶著印璽詔書，在隨從的護衛下，來到了高平。

高峻的府邸守衛森嚴。寇恂被帶入進到裡面，請高將軍來見，但高峻推說有事，讓軍師皇甫文作為使者代他出面。

寇恂對皇甫文說：「現在大軍壓境，再打下去百姓遭殃，大漢皇帝命我前來招降，請轉告高將軍，只要獻出城池，一切都好商量。」

「你們無計可施，才來招降的吧？」皇甫文信心十足的說：「你們有本事再來攻城啊，我們奉陪。投降，想都別想！」

「來人，把這個混蛋給我抓起來！」寇恂大怒。

「你敢？！」軍師威嚇說：「城裡可是我的天下！」

「普天之下都是大漢的江山，」寇恂說：「你以為你一隻螳臂，就可以擋車嗎？」

他命人把皇甫文殺掉。刀光一閃，人頭落地。寇恂叫副使把皇甫文的人頭帶給高峻，讓他對高峻轉告：

「軍師無禮，我把他殺了。現在高將軍想降就降，不降就請守住城池。我倒要看看明天這裡是誰的天下。」

驚魂未定的副使向高峻轉達了寇恂的話，高峻聽了，六神無主。他馬上下令大開城門，跪在地上受降。

在慶功宴上，眾將紛紛向寇恂祝賀。一個人趁著酒意，問寇恂說：「為什麼殺了使者，高峻就會投降？」

寇恂笑著說：「皇甫文是高峻的心腹，高峻對他言聽計從。我見他言辭傲慢，就知道他堅決不主張投降，而高峻是受了他的影響。放他回去，他會繼續鼓動高峻抵抗；殺了他，高峻失去了主力，驚恐之下，就會投降。」

大家聽了，無不欽佩。

寇恂用的是攻心術。他的攻心不是勸服，而是震懾。震懾幾乎和勸服同樣有效。打亂了對方的陣腳，事情就有了轉機。

攻心的謀略很多。運用之妙，存乎一心。擾亂對方，激怒困擾對方，等待對方的變化，促其自敗，也是一種絕妙的攻心術。

北宋時，金國的完顏亮發動政變，殺死金熙宗，篡奪了帝位，他親率六十萬大軍，浩浩蕩蕩，分成四路向大宋國進發。

完顏亮平日作惡多端，早已不得人心。他剛一發兵，在國內就發生了政變。大臣們擁立留守東京的完顏雍為帝，即金世宗。並將完顏亮廢為庶人。

但完顏亮卻不為所動，仍然南侵。他渡過長江，先吃了一個敗仗，又與宋軍在揚州對峙。宋軍的主帥劉琦，曾經屢次大敗金軍，當年金兀朮的精銳部隊被他打得七零八落，以至後來金軍見到他的旗幟，就一哄而逃。劉琦當時年老體衰，已不復當年勇猛，但畢竟是老謀深算。他深知完顏亮生性猜忌多疑，就下令把揚州城外的房屋全部燒掉，然後用石灰把城牆塗成白色，上面寫著：「完顏亮死於此處。」然後據城堅守。

完顏亮兵臨城下，遠遠的看到了這些字，心裡很不舒服。他一向迷信，覺得這些字很不吉利。加上城外的住房都被燒光了，就下令部隊全部在龜山上紮營。

龜山一時擁擠不堪。有人建議在別處紮營，但完顏亮想到城牆上那些字，不願在城下駐紮。於是，士兵們怨聲載道，士氣低落，不少人紛紛當了逃兵。

不久，完顏亮手下的大將顏元宜乘機發動兵變，殺死了完顏亮。他一統天下的美夢也就隨之灰飛煙滅了。

【這段對話的關鍵是什麼？】

劉琦老將軍用的是攻心戰。完顏亮被抄了老窩，心裡正煩悶得慌，再看到城牆上寫的對他不吉的「歡迎」標語，頓時被攪得心煩意亂，軍心也大大動搖，完顏亮更沒有想到因此激化了軍中的內部矛盾，引起了己軍內部的叛亂，導致自己落了個慘死的下場。

攻心之術多種多樣，震懾威嚇者有之，迷惑其心者有之，但歸根結柢是要迷亂對方的心志，以達到使對手不攻自敗的目的。

心理施壓　洞察人心

在以了解應徵者的人品、對事物的看法等為目的的面試中，為了在有限的時間內正確掌握對方的情況，會使用各種深層的心理技巧，「壓迫性面試法」就是其中之一。即想盡辦法提出令對方覺得不愉快的問題，使對方處於孤立狀態，或逼他做「二選一」的決斷，總之就是「欺負」對方，使他感覺到陷入危機之中了，這時再觀察他的反應。

一個國外電視節目中曾經邀請一百個國會議員上電視，試圖探察他們的心理活動。他們坐進在演播室建造的，只有正面能看到外界的小小隔離間裡，戴著耳機，陷入既看不見其他人臉孔，又聽不到發問者以外的聲音的「危急狀態」中。當時，那些議員們的表情真值得一看，有些人甚至露出平常絕對呈現不出的凶惡模樣，氣憤的拂袖而去。

如果你想了解初次見面的對方說的是不是真心話，他對當時的話題具有何種程度的關心，不妨利用壓迫性面試的方法，故意反駁對方的意見。不過，探察對方的真心話固然重要，但如果因缺乏技巧而觸怒對方，反而會得不償失。倘若你認為和對方斷絕來往也無所謂，或者自信能平息對方的怒氣，恢復和諧的人際關係，那自然另當別論，否則還是應該慎重為妙。類似方法還有，在談判中向對方提出苛刻的條件，以探察對方的真實心理。

元朝時，寧海主丞胡汲仲偶然出去巡視，見到一群老婦聚在庵裡誦經。見到主丞時，有一位婦人投訴說自己遺失了一件衣服，不知誦經的婦女中哪一個所偷。胡汲仲叫人拿來一些麥子，讓所有在場誦經的婦女每人手心放上幾粒麥子，然後合掌繞著佛像走圈，口裡還是要照舊念經。汲仲閉上眼睛端坐在一邊說：「我命令神明作法，如果是偷衣人，繞佛走了幾圈以後，手心的麥子應當會發芽。」眾婦女合掌繞佛而行，口中依舊念經，其中有一個婦人幾次打開手掌看手心的小麥粒。汲仲立即命人把她捆起來，透過審問，果然是偷衣婦。

另一個類似的故事也極為典型而有趣：劉宰在泰興當縣令時，有一個大富翁的妻子丟了一根金元寶，當時只有兩名女僕在場。把兩名女僕送到縣衙，她們都大喊冤枉。劉宰命令她倆各拿一根蘆葦稈，說：「不是盜金元寶的人，蘆葦不會長，偷了金元寶的，手中的蘆葦會比現在長兩寸。」第二天去看那兩個女僕手中的蘆葦稈，一根與原來的一樣長，另一根已被折掉兩寸。他立即把那個折掉蘆葦稈的女僕抓起來審訊，果然供認不諱。

【這段對話的關鍵是什麼？】

偷東西並加以抵賴的人，並非愚不可及。他們之所以一下子被言語詐得原形畢露，是因為在高度的精神壓力下亂了方寸，不由自主的喪失了理智和冷靜，做出了蠢事。於是他們被測了出來！

要善於對你的對手在心理上施加壓力，要知道當一個人處於危急狀態中時，會呈現出赤裸裸的自我，掩飾外表的理智也會喪失掉，不知不覺就會吐露出真心話。

有容乃大　化敵為友

排斥對手對事情沒有一點幫助，弄得不好還會兩敗俱傷。相反，如果抱著包容對手的心態，則可能贏得人心。人與人之間肯用真心交流，就會增進了解，消除隔閡。使他人變成你的朋友，把對手當成動力，不是更有利於你的成功嗎？

不肯包容對手的人，實在是很不幸的。在正常條件下，包容對手能發揮極大效果，它會給你帶來幸福、友誼，乃至成功。在一次盛大的宴會上，有一個平日和卡內基在生意上就存在競爭的鋼鐵商人大肆抨擊卡內基，說了他很多的壞話。

當卡內基到達而且站在人群中聽他的高談闊論的時候，那個人還未察覺，仍舊滔滔不絕數落卡內基。害得宴會主人非常尷尬，他生怕卡內基會忍耐不住，當面加以指責，使這個歡樂的場面變成舌戰的陣地。

可是卡內基表情平靜，等到那個抨擊他的人發現卡內基站在那裡時，反而感到非常難堪，滿面通紅的閉上了嘴，正想從人群中鑽出去。卡內基卻真誠的走上前去，親熱的跟昔日的對手握手寒暄，好像完全沒有聽到他在說自己壞話似的。

他的競爭對手臉上頓時一陣紅一陣白，進退不得。卡內基給他遞上一杯酒，使他有機會掩飾一時的窘態。

第二天，那個抨擊卡內基的人親自來到卡內基的家裡，再三向卡內基致謝。從此他變成了卡內基的好朋友，生意上也互相支持。這個人還常常稱讚卡內基，認為他是個了不起的大人物。使得卡內基的朋友都知道卡內基多麼和藹、多麼慈祥，從而更加親近他、尊敬他。

【這段對話的關鍵是什麼？】

卡內基確實值得欽佩，受到對手的侮辱也不在乎，相反示以友好，拿出誠意，從而使對方在心理上感到愧疚，並表示歉意。如此一來，雙方不僅獲得了交流，還贏得了友誼。卡內基和他的競爭對手的交情是一種「不打不相識」的交情，其中有寬恕，有懺悔，有慷慨的義氣，有豪爽的俠情。

當你樹立了一個敵人的時候，你所得的將不只是十個敵人，你在精神上所受到的威脅將十倍百倍於他實際上給你的威脅。而化敵為友在某種誠度上可以緩和自己的心理不平衡。因為有些化敵為友的言談能給你意想不到的效果。

「紅白」配合 一唱一和

不要以為對人笑臉相迎，給人面子、一團和氣就能贏得談判。一味的唱紅臉，會使人覺得你有求於他，有巴結之嫌。越是這樣，對方越會強硬、傲慢，在談判中占盡上風。在必要的時候，有必要給對方施加點顏色，用一些「白臉」手段刺激一下對方。

當然，所謂刺激並不是激怒或傷害對方，而是為了引起對方心理上對某種事實的注意，從而更加重視自己；同時也提醒對方，不要過度抬高自己的價碼。

有一次，美國富翁霍華．休斯為了大量採購飛機，與飛機製造商的代表進行談判。休斯要求在條約上寫明他所提出的三十四項要求，其中至少十一項要求是沒有退讓餘地的，但這對談判對手是保密的。對方不同意，雙方各不相讓，談判中衝突激烈、硝煙四起，竟然發展到了把休斯趕出了談判會場的地步。

後來，休斯派他的私人代表出來繼續同對方談判。他告訴代理人說，只要爭取到三十四項中的那十一項沒有退讓餘地的條款，就心滿意足了。這位代理人經過了一番談判之後，爭取到了其中包括休斯所說的那非得不可的十一項在內的幾項。

休斯驚奇的問這位代理人，怎樣取得如此輝煌的勝利時，代理人回答說：「那簡單得很，每當我同對方談不到一起時，我就問對方，你到底是希望同我解決這個問題，還是要留著這個問題等待霍華．休斯和你解決？結果，對方每次都接受了我的要求。」

【這段對話的關鍵是什麼？】

在這一事例中，休斯的臉孔及其私人代表的臉孔並無奇異之處，「合二為一」則產生了奇特的妙用，這便是唱紅白臉的奧妙所在。這種策略的做法是，先由白臉出場，他採取咄咄逼人的攻勢，提出過分的要求，顯得傲慢無禮、立場僵硬，讓對方看了心煩，產生反感心理。然後紅臉出場，他以溫文爾雅的態度、誠懇的表情、合情合理的談吐對待對方，並巧妙的暗示，如果他不能與對方達成協議而使談判陷入僵局，那麼白臉先生還會再次出場。這番話會給對方的心理上造成一種壓力。在這種情況下，對方一方面會由於不願與白臉繼續打交道，另一方面會由於紅臉的可親態度而同紅臉達成協議。

其實白臉紅臉唱的就是一個雙簧。雙簧策略能使談判人員從「騎虎難下」的狀態中得到解脫。在談判中，事先決定讓一個人採取強硬態度，到了適當的時候，再由同伴出面提出折中方案；最後，在同伴的反覆勸說下表現出勉強同意的姿態。當然，對方得到了這個好不容易才到手的讓步後，自然會對那個唱紅臉的好人做出相對的回報。

欣賞對手　贏得人心

在現實生活中，有的人一旦對立場相左的人產生恨意時（即使是假想敵），就會千方百計的攻擊對方，直到徹底打倒對方為止。還有一些人，抱著「以牙還牙，以眼還眼」的心理，如果挨了一拳，一定要還以三拳才肯甘休。如此一來，不但永遠無法和解，還會增加彼此之間的憎恨，落得兩敗俱傷，最後同歸於盡。

為了避免出現這種現象，我們應該盡量欣賞對方的成就，體諒對方，而不是播下仇恨的種子。

美國的議會祕書任期也和議員一樣，一年一選。這年，經營印刷業的富蘭克林獲得了議會祕書的提名。富蘭克林非常想當選，不但這項工作很適合他，還能拿到一份報酬，更重要的是，這項工作能使富蘭克林同議員們建立良好的關係，取得印刷選票、法律文本、紙幣等印刷業務，能獲得更多的客戶和利益。

但是，富蘭克林的提名遭到一位新任議員的強烈反對，那位議員發表了一個演說，將富蘭克林批評得一文不值，他認為富蘭克林資歷太淺，不是議會祕書的最佳人選。

面對這樣一位出其不意的對手，富蘭克林開始很頭痛了一陣子，不過他還是想出了辦法來化解兩個人之間的矛盾。

富蘭克林了解到這位新議員家產富裕，受過高等教育，是個有名的紳士，他的才能和影響會使他在一定時間內對議員們產生作用，後來證實的確如此。他又打聽到新議員收藏有一本罕見的珍本書，於是，他就寫了一張便條，便條裡這樣寫道：「欣聞閣下收藏了一本罕見的珍本書，我早就對此書產生了極大的興趣，今想借為拜讀，還望閣下將此書借給我看上幾日，我將不勝感激。」那位新議員看到後便慷慨的借給了他。

一週後，富蘭克林把書送還，又附上一張便條，在便條中誠摯而熱情的對這位新議員表示了敬佩和感謝之情。在他們下次見面時，新議員十分客氣的同富蘭克林說：「以後隨時都願為你提供服務。」

不久，富蘭克林如願以償當選議會祕書，同時他們成了好朋友，這種友誼一直保持到他去世。

【這段對話的關鍵是什麼？】

這件事告訴我們什麼呢？它說明在現實生活中，對自己的對手、敵手、對立面，與其怨恨報復、對抗、無味的攪局，倒不如謹慎的、不卑不亢的先求助於對方，以在心理上博取對方的好感，消弭以往的情緒和芥蒂，這樣才更有利於自己。

為人何必用那種仇視的眼光看待對手呢？這樣，你會把自己搞得身心疲憊。與其如此，還不如用一顆友善的心去欣賞對手。欣賞對手，你就會得到意外的收穫，不但使對手變成朋友，而且還能取得對手的信任和幫助。

與陌生人說話→激發策略

古羅馬帝國時代哲學家奧里約曾說：「你的人生是由思想造成的。」也就是說，你的人生是思想的延續。

誠然，每個人的人生都是有不同的思想所構成，而要使不同的思想相互的和諧、交流、影響，就要求我們每個人學會合理的激發其他人的思想。

與人攀談　選好話題

在社會生活中，我們過去從來沒有見過的人，甚至能幫助我們認識自己。因為我們可能對一個陌生人說出我們時常想說但又不敢向親友開口的心裡話，他們因此便成了我們認識自己的一面新鏡子。如果運氣好，和陌生人的偶遇還會發展成為終身不渝的友誼。仔細想來，我們的朋友哪一個原來不是陌生人？

那麼，我們遇上陌生人，怎樣才能好好利用這一刻，選擇好與之交流的話題呢？

美國總統羅斯福是一個交際能手。早年還沒有被選為總統時，在一次宴會上，他看見席間坐著許多不認識的人。如何使這些陌生人都成為自己的朋友呢？羅斯福找到自己熟悉的記者，從他那裡把自己想認識的人的姓名、情況打聽清楚，然後主動叫出他們的名字，談一些他們感興趣的事。此舉大獲成功。這些人很快成了羅斯福競選時的有力支持者。

如果覺得「實在沒有什麼話說」，可以考慮以下話題：

你可以坦白說明你的感受。例如你可能在晚餐聚會上對自己嘀咕：「我太害羞，與這種聚會格格不入。或是剛好相反，你認為許多人討厭這種聚會，但是我很喜歡。」

不管你怎麼想，你要把你的感受向第一個似乎願意洗耳恭聽的人說出來。這個人可能就是你的知音。無論如何，坦白說出「我很害羞」或「我在這裡一個人也不認識」，總比讓自己顯得拘謹冷漠好得多。

最健談的人就是勇於坦白的人。這還有一個好處，如果你能坦誠相見，對方也會無拘束的向你吐露心聲。

一次，阿迪斯跟寫過一本好書的心理學家談話。阿迪斯通常對這類的訪問都能應付自如，而且會從中得到很大裨益，所以當他發覺自己結結巴巴，不知怎樣開口時，簡直大吃一驚。最後阿迪斯說：「不知為什麼我對你有點害怕。」那位心理學家對阿迪斯這個說法非常有興趣，隨即大家就自然談起來了。

阿迪斯有一次坐火車，身邊坐了一位沉默寡言的女士，一連幾個小時他千方百計引她說話都未成功。等到還有半個小時就要到站時，他們經過一個小海灣，大家都看到遠處岬角上一座獨立無依的房屋。她凝視著房子，一直到看不到它為止。然後她突然說道：「我小時候就生活在像這種杳無人跡的地方，住在一座燈塔裡。」跟著她憶述了那種生活的荒涼與美麗。

你甚至可以以對方為話題。有一次，阿迪斯聽見一位太太對一個陌生的女士說：「你長得真好看。」也許，我們大多數人都沒有說這種話的勇氣，不過我們可以說：「我遠遠就看見你進來，我想……」或是：「你正在看的那本書正是我最喜歡的。」

你心存的問題也可以作為很好的話題。許多難忘的談話都是從一個問題開始的。阿迪斯常常問人家：「你每天的工作情況怎樣？」通常人們都會熱心回答。

同時，我們也應當禁忌一些問令人掃興的話題。可能沒有人願意聽你高談闊論，諸如狗、孩子、食物和食譜、自己的健康、高爾夫球，以及家庭糾紛之類的事。所以，在談話中最好不要談及這些問題。

【這段對話的關鍵是什麼？】

總之，如果你善於選擇合適的話題與陌生人交談的話，相信你會很快與他們建立起穩固的友誼的。

在你與陌生人初次打交道時必須注意選擇一些對方從心理上容易接受且樂於接受的話題與之交流，從而使對方很快的接納你。

悉心傾聽　博得好感

傾聽是一種交際的互動，不但要求說者會說，還要求聽者會聽。「學會傾聽」是要求聽別人講話要用心，要細心。「傾聽」即是細心聽、用心聽的意思，這也是一種禮貌，表示對說話者的尊重。

美國演員阿麗恩．弗朗茜絲曾主持「我是做什麼的？」的電視節目。主持人請來一位觀眾，向他提出問題，然後從中猜出他的職業。該節目辦了二十五年了。開始那會兒，阿麗恩對怎樣提出生動有趣的問題不得要領。後來，她丈夫馬丁．哥波爾對她說：「看你們的節目時，我感到你不能呆等在那裡只想提問，你應該細心傾聽別人講了些什麼。要學會積極主動的傾聽。」

阿麗恩接受了丈夫的忠告，她說：「這確是個有效的辦法。透過悉心品味他人的談話，我變得精於此道了。耐心傾聽成為我職業的主要內容。」

阿麗恩認為，傾聽的作用絕不只是獲取資訊，還是你與周圍的人們友好相處的一個途徑。從一個七十多歲的老婦身上她感受到了這一點。

阿麗恩常常在一個雜貨店裡遇到這位老婦人。她深色的雙眼充滿戒備和渴望。每當她見到阿麗恩，總是喋喋不休，嘮起沒完。有時阿麗恩碰到自己心緒煩亂，也不得不耐著性子聽下去。

「我要去阿肯色州了。」一天，她對阿麗恩說。「那裡春季的高溫氣候對我的關節炎再合適不過了。不過我會很快回來的，免得你惦念。」

阿麗恩這才發現她的僵硬彎曲的手指。「就你一個人去？」阿麗恩問她。

「對，就我一個人。」她說。「我是個孤老婆子，獨居很久了。可是我遇到了許多像你這樣的大好人，他們願意和我嘮扯嘮扯。」

阿麗恩一下子感到自己像個罪人。老婦人愉快，樂觀——絲毫沒有對自己的生活感到厭倦和悲傷。她就是用無處不與人交談來充實自己晚年平靜的生活。聆聽的耳朵就是她的需求。

阿麗恩猛然意識到，我的耳朵不僅僅屬於我自己。從那以後，阿麗恩在和陌生人打交道的時候，盡力使自己積極的悉心傾聽。

一個成功商業性會談的祕密是什麼呢？美國學者查爾斯·伊里亞特說，「成功的商業性交談，並沒有什麼神祕，專心的注視著對你說話的人是非常重要的。再也沒有比這麼做更具恭維效果了。」

艾略特是個熟練的傾聽藝術大師。美國數一數二的小說家亨利·詹姆士回憶說：艾略特的傾聽並不是沉默的，而是以活動的形式。他直挺挺的坐著，手放在膝上，除了拇指或急或緩的繞來繞去，沒有其他的動作。他面對著對方，似乎是用眼睛和耳朵一起聽他說話。他專心的聽著，並一邊聽一邊用心的想你所說的話。最後，這個對他說話的人會覺得，他已說了他要講的話。

我們注意到，常發牢騷的人，甚至最不容易討好的人，但在一個有耐心、具有同情心的聽者面前都常常會軟化而屈服下來。這樣的聽者，在被人家雞蛋裡挑骨頭罵得狗血淋頭的時候，都會保持沉默。

舉個例子：紐約電話公司在幾年前發現，該公司碰上了一個對接線員口吐惡言的最凶惡的用戶。他怒火中燒，威脅要把電話連根拔起，拒絕繳付某些費用，說那些費用是無中生有的。他寫信給報社，到公共服務委員會做了無數次的申訴，也告了電話公司好幾狀。

最後，電話公司最幹練的「調解員」之一，被派去會見那位惹是生非的用戶。這位「調解員」靜靜的聽著，讓那位暴怒的用戶痛快的把他的不滿全部吐出來。電話公司的「調解員」耐心的聽著，不斷的說「是的」，同情他的不滿。

那個使用者從來沒見過一個電話公司的人跟他這樣談話，於是他變得友善起來。在第一次會面的時候，「調解員」甚至沒有提出自己去找他的原因，第二次和第三次也沒有。但是第四次的時候，這件事就完全解決了，他把所有的帳單付了，而且撤銷了申訴。

【這段對話的關鍵是什麼？】

在上述這個事例中，調解員完全掌握了傾聽的藝術。在他傾聽對方說話三次之後，就使對方消除了敵對心理，取得很大的效果。

心理學家認為：我們要學會「傾聽」，首先要明晰「傾聽」與單純的聽不同，後者僅僅是一種對聲音的感知，而傾聽則是一個積極主動的行為，它意味著傾聽者要參與到對方的表達之中，一方面要透過自己的態度表明理解對方的心理和意願，另一方面還應就這種理解表示與對方的共鳴。了解了這一點，你才能透過有效的傾聽來達到你和他人談話的目的。

平易近人　營造氣氛

和陌生人打交道要輕鬆自如。也就是說，在陌生人和你打交道的時候，不要讓人有一種緊張感。一個平易近人的人很好相處，而且言談舉止都很自然。他會營造一種舒適、愉快、友好的氛圍。和他在一起，不會像戴著一頂破舊的氈帽、趿拉著一雙破爛的鞋子、穿著一件寬大破舊的袍子一樣，尷尬難堪。

美國前郵政部長詹姆士．法利是謙虛謹慎、不狂妄自大的人之中的一個傑出代表。

法利先生是一個知道如何讓人喜歡自己的專家。那是發生在費拉德菲爾城舉辦的一次「讀書和讀者」會上的事。當法利先生和其他演講者到賓館去吃午餐的時候，他們在走廊遇到了推著餐車的女服務員。他們繞過餐車走了進去，這位服務員絲毫沒有注意到他們。這時，法利先生向她走了過去，並且伸出手說：「嗨，你好，我是詹姆士．法利。能告訴我你的名字嗎?很高興認識你。」

當這群人走過大廳的時候，一些人回過頭看了看那位女孩，她嘴巴張得大大的，顯得十分驚訝，但是，她的臉上立即綻開了甜美的微笑。

【這段對話的關鍵是什麼?】

一個平易近人的人，總是設身處地為陌生人著想，就像法利先生一樣，不讓陌生人緊張、拘束，更不會讓陌生人尷尬難堪。

能夠仔細分辨陌生人的意圖、動機、心情、感受和思想，也就是說，一個社交能力強的人，必定是會盤算的人，他們會考慮到自己行為的後果，會盤算陌生人的可能行為，會計算自己的利益和損失，而所有這些盤算，都是在相關因素可能變動的情況下做出的。

主動欣賞　愉悅人心

在日常生活中，我們常常忽視的許多美德中的一項，就是對別人表示欣賞和讚揚。應該說，在人際關係方面，每個都渴望別人的欣賞和讚揚。

瑪麗作為一名見習服務員，在熙熙攘攘的紐約雜貨商店裡忙碌了整整一天，累得精疲力竭。她的帽子歪向一邊，工作裙上沾滿了點點汙漬，雙腳越來越疼，裝滿貨物的托盤在她手中也變得越來越沉重。她感到疲倦和洩氣：「看來我似乎什麼也做不好。」

瑪麗好不容易為一位顧客開列完一張繁瑣的帳單，這家人有好幾個孩子，他們三番五次的更換凌冰淇淋的訂單。

瑪麗真的準備撒手不管了。

這時候，這一家人的父親一面交給瑪麗小費，一面笑著對她說：「做得不錯，你對我們照顧得真是太周到了！」

聽到這樣的話，突然之間，瑪麗的疲倦感就無影無蹤了。她也回報以微笑。後來，當經理問到她對頭一天的工作感覺如何時，瑪麗回答說：「挺好！」

那幾句讚揚似乎把一切都改變了。

【這段對話的關鍵是什麼？】

就像瑪麗聽到顧客的讚揚之後的感受一樣，如果幾句話就能給人們帶來一定的滿足和愉快，我們為什麼不這樣做呢？在你每天所到的地方，不妨多說幾句對陌生人感謝讚賞的話，留下一些友善的小小火花。你將無法想像，這些小小的火花如何點燃起友誼的火焰，而當你下次再到這個地方的時候，這友誼的火焰就會照亮你。

馬斯洛的層次理論認為，自尊和自我實現是一個人較高層次的需求，它一般表現為榮譽感和成就感。而榮譽和成就的取得，還須得到社會的認可。而欣賞、讚揚的作用，就是把他人需要的榮譽感和成就感，拱手相送到對方手裡。當對方的行為得到你真心實意的讚許時，他看到的是，別人對自己努力的認同和肯定，從而使自己渴望別人讚許的動機在榮譽感和成就感接踵而來時得到滿足，從而在心理上得到強化和鼓舞，養精蓄銳，更有力的發揮自身的主觀能動性，向著自己的目標衝擊。

真誠讚美　令人動情

林肯說過：「每個人都喜歡讚美。」讚美之所以得其殊遇，一在於其「美」字，表明被讚美者有卓然不凡的地方；二在於其「贊」字，表明讚美者友好、熱情的待人態度。人類行為學家約翰．杜威也說：「人類本質裡最深遠的鞭策力就是希望具有重要性，希望被讚美。」因此，當別人有值得褒獎之處，你應毫不吝嗇的給予誠摯的讚許，以使得人們的交往變得和諧而溫馨。

卡內基在紐約的一家郵局寄信，發現那位管理掛號信的職員對自己的工作很不耐煩。於是他暗暗的對自己說：「卡內基，你要使這位仁兄高興起來，要他馬上喜歡你。」同時，他又提醒自己：要他馬上喜歡我，必須說些關於他的好聽的話。而他，有什麼值得我欣賞的呢？非常幸運，他很快就找到了。

等到他處理卡內基的信件時，卡內基看著他，很誠懇的對他說：「你的頭髮太漂亮了。」他抬起頭來，有點驚訝，臉上露出了無法掩飾的微笑。他謙虛的說：「哪裡，不如從前了。」

卡內基對他說：「這是真的，簡直像是年輕人的頭髮一樣！」他高興極了。於是，他們愉快的談了起來，當卡內基離開時，他對卡內基說的最後一句話是：「許多人都問我究竟用了什麼祕方，其實它是天生的。」

事後，卡內基說：「我敢打賭，這位朋友當天走起路來一定是飄飄欲仙的。我敢打賭，晚上他一定會跟太太詳細的敘說這件事，同時還會對著鏡子仔細端詳一番。」

卡內基把這件事說給一位朋友聽，朋友問卡內基：「你為什麼要這樣做？你想從他那裡得到什麼呢？」

卡內基說：「是的，我想要得到什麼？什麼也不要。如果我們只圖從陌生人那裡獲得什麼，那我們就無法給人一些真誠的讚美，那也就無法真誠的給陌生人一些快樂了。如果一定要說我想得到什麼的話，告訴你，我想得到的只是一件無價的東西。這就是我為他做了一件事情，而他又無法回報我；過後很久，在我心中還會有一種滿足的感覺。」

的確，對陌生人值得讚美的地方真誠的說出自己的心裡話對他對自己都很有用。

有一位商人常去光顧一家古董店。一天，他剛離去，店長的妻子對丈夫說：「剛才我真想告訴那位陌生人，我們對他經常上這裡來感到多麼高興。」丈夫回答說：「那麼等他下次來時告訴他吧。」

第二年的夏天，一個年輕女子來到這家古董店，自我介紹說她是那個陌生商人的女兒，並說她父親已經去世了。店家的妻子告訴了她在她父親最後一次來店時自己和丈夫的談話。這個女子頓時含著淚水說：「要是你當時把你的話跟我父親說了，那該有多好啊！」

「從那天以後，」這位店家說，「每當我想到某人有什麼好的地方，我就告訴他。因為說不定我以後再也不會有這樣的機會了。」

【這段對話的關鍵是什麼？】

如同藝術家在把美帶給別人時感到愉快一樣，任何掌握了讚揚陌生人的人都會發現，讚揚不僅給聽者，也給自己帶來極大的愉快。它給平凡的生活帶來了溫暖和快樂，把世界的喧鬧聲變成了音樂。人人都有值得稱道的地方，我們只需把它說出來就是了。

取悅他人的心理，人人皆有，然而，在與陌生人交往的實際場合，真能知曉如何取悅他人的方法者並不多見，毋庸質疑，讚美是其中最為有效的方法之一。

微笑動人　左右逢源

在現實的工作、生活中，如果一個陌生人對你冷若冰霜、橫眉以對，另一個陌生人對你面帶笑容，溫暖如春，他們同時向你問路，你更歡迎哪一個？當然是後者，你會毫不猶豫的對他知無不言，言無不盡，問一答十；而對前者，恐怕就恰恰相反了。

富蘭克林．貝特格是全美國最著名的推銷保險人士之一。他說他許多年前就發現了面帶微笑的人永遠受歡迎。所以，他在進入陌生人的屋子之前，總是停留片刻，想想那些讓他高興的事情，於是，他臉上便展現出開朗的、由衷而熱情的微笑。當微笑即將從臉上綻放的剎那間，他推門進去。

富蘭克林．貝特格深知：他推銷保險的成功同自己面帶微笑有很大的關係。

當我們面帶微笑去說話，回頭看看效果，你必然自己都大吃一驚。微笑永遠不會使人失望，它只會使人們歡迎面帶微笑的人。

有這樣一個例子，威廉．史坦哈是紐約證券股票公司市場成功的一員，他說他年輕的時候是個討人嫌的傢伙，他臉上沒有微笑，不受人們的歡迎。

後來他自己決定，必須改變他的態度，他決心要臉上展現開朗的、快樂的微笑。於是，在第二天早上梳頭時，他對著鏡子中滿面愁容的自己下令說：「威廉，你得微笑，把臉上的愁容一掃而光！現在立刻開始，微笑。」於是，威廉·史坦哈轉過身來，跟他的太太打招呼：「早安，親愛的。」同時對她微笑，他的太太怔住了，驚詫不已。史坦哈說：「從此以後你不用驚愕，我的微笑將成為尋常事。」

過了兩個月，史坦哈每天早上都對妻子微笑。結果怎麼樣呢？微笑改變了他的生活，兩個月中他在家庭中所得的幸福比以往一年還要多。

現在，史坦哈在工作時對每一位陌生人總是抱以微笑。他對大廳裡的警衛微笑，對地鐵的出納小姐微笑。當他在交易所時，對那些從未見過他的人微笑。於是他發現每一個人都對他報以微笑。

史坦哈帶著一種輕鬆愉悅的心情去同一些滿腹牢騷的人交談，一面微笑，一面恭聽。過去很討人厭的傢伙，變成了一個受人歡迎的人；過去很棘手的問題，現在變得容易解決了。

毫無疑問，微笑給史坦哈帶來了許多的方便和更多的收入。現在，他發現：以前同別人相處很難，現在可完全相反了。他學會了讚美、賞識他人，努力使自己用別人的觀點看事物。從此他快樂、富有，擁有友誼與幸福。

不會微笑的人在生活中將處處感到艱難，這就是史坦哈自己的體會。

【這段對話的關鍵是什麼？】

史坦哈以微笑的方式和陌生人交談，與他人在心理上取得了共鳴，並給以微笑的回應，從而贏得了他人的歡迎，使自己的工作和生活充滿了快樂。

心理學家指出：微笑是最好的肢體語言，不要忽視。每一個微笑都能給別人帶來絲絲安慰。有微笑臉孔的人，就會有希望。因為一個人的笑容就是他好意的信使，他的笑容可以照亮所有看到它的人。沒有人喜歡幫助那整天皺著眉頭，愁容滿面的人，更不會信任他們。而對於那些受到上司、同事、客戶或家庭的壓力的人，一個笑容卻能幫助他們了解一切都是有希望的，也就是世界是有歡樂的。只要活著，忙著、工作著，就應該快樂的微笑。

輕鬆詼諧　化解尷尬

在我們的生活中，有時候為了化解與陌生人發生的尷尬局面，在沒有任何合適的方式的情況下，我們只有依靠輕鬆詼諧的力量。

當百貨公司大拍賣，購物的人又推又擠的時候，每個人的脾氣都猶如槍彈上膛，一觸即發。有一位女士憤憤的對結帳小姐說：「幸好我沒打算在你們這找『禮貌』，在這根本找不到。」結帳小姐沉默了一會，說：「你可不可以讓我看看你的樣品？」那位女士愣了片刻，笑了。

作家歐希金也曾以輕鬆詼諧的方式擺脫了一個困境。他在他的《夫人》一書中，寫到了美容產品大王盧賓絲坦女士。後來在一次他自己舉行的家宴中，一位陌生人不斷的批評他，說他不應該寫這種女人，因為她的祖先燒死了聖女貞德。其他客人都覺得很窘，幾度想改變話題，但是都沒有成功。談話越來越令人受不了，最後歐希金自己說：「好吧，那件事總得有個人來做，現在你差不多也要把我燒死了。」這句話馬上使他從窘境中脫身出來，隨後他又加上一句妙語：「作家都是他的人物的奴隸，真是罪該萬死！」

有時我們確實需要以有趣並有效的方式來表達人情味，給人們提供某種關懷、情感和溫暖。

據說有位大法官，他的寓所隔壁有個音樂迷，常常把音響音量放大到使人難以忍受的程度。這位法官無法休息，便拿著一把斧頭，來到鄰居門口。他說：「我來修修你的音響。」音樂迷嚇了一跳，急忙表示抱歉。法官說：「該抱歉的是我，你可別到法庭去告我，瞧我把凶器都帶來了。」說完兩人像朋友一樣笑開了。

【這段對話的關鍵是什麼？】

這位法官並不是想把鄰居的電唱機砸壞。他是恰當的表達了對鄰居的不滿——請注意：是對音響而不是對人——他的行為似乎是對音樂迷說：「我們是朋友，我希望和你好好相處，而音響可以修理一下。」當然，所謂「修理」只是把音響的聲音開關降低些罷了。

陌生人畢竟不是朋友或者親人，所以當我們與陌生人發生衝突是盡量不要正面加以指責。在這種情況下用一用令人愉快又意味深長的幽默，相信在避免刺激彼此之間的矛盾的同時，必定會使你和陌生人的心理情緒輕鬆不少。

下篇

辦事有方法篇——不同的事情採用不同的心理定律

如何處理非常規事情→移情定律

當非常規的事情發生時，我們心理往往會產生一種始料未及的危機感。而處世「移情」就是要我們懂得因地制宜，變不利因素為有利因素的做事法則，只有懂得這一處事法則，我們才能在危機關頭化險為夷。

移花接木　轉危為安

高明的人往往不但能看到一些事情表面的結果，而且還能關注事情背後的一些玄機，並把它拿到公開的場合去表演，藉以迷惑視聽或彌補疏漏。

明朝正統年間，韓雍出任御史，巡按江西。一天，都御史深夜來訪，看上去神色十分不安。

韓雍有些奇怪：「這麼晚了，找我一定有事吧？」

都御史看看左右沒人，就跪在地上：「請一定要救救我。」

「出了什麼事？」韓雍問。

「天大的事情。」都御史說，「我私拆了詔書。」

「這的確是大事」。韓雍皺了皺眉頭，說，「別急，先說說事情的經過。」

原來，朝廷下了詔書給鎮守中官，這位都御史以為是下給自己的，就拆開了看。等知道錯了，已經來不及了。私拆詔書可是大罪，他左思右想，想到韓雍平時聰明過人，就來找他出主意。

韓雍沉吟了半晌，說：「明天你宴請中官，其餘一切由我來安排。」

第二天，都御史果然請中官和韓御史赴宴。韓雍把舊的詔書揣在懷裡，神情自若的和大家飲酒談笑。

大家已有了幾分酒意。這時，一個郵卒走了進來，把一封詔書交給了韓雍。韓雍二話不說，拆開就看，剛剛看了一眼，就驚恐的說：「這詔書不是給我的。」

原來，這詔書是韓雍事先假造的，他故意要郵卒把詔書錯交給他。

說著，他把詔書交給中官。但這時詔書已被掉了包，交到中官手中的是原來的那封真的詔書。

「沒用的奴才，居然糊塗到把中官大人的詔書交給了我，該打！」

韓雍不住聲的道歉，還要責怪郵卒把詔書給錯了人，要杖責他。

中官倒是有些過意不去了：「韓御史真是個誠實的人。不過，郵卒也是無心之過，他把大人當成老夫了。就饒過他這一次吧。」

都御史連忙說：「這是個誤會，我們大家還是喝酒吧。」

於是，大家舉杯，盡歡而散。

【這段對話的關鍵是什麼？】

移花接木，即是人們常說的「調包計」。韓雍巧使個調包計，那封被都御史拆開的詔書就到了中官的手裡，一個說不清道不明的事件就變得說得清道得明瞭。

在現實的生活中，每當我們在遇到某些感覺無從下手的事情時，千萬不要抱有僥倖的心理硬碰硬的去解決，我們要像韓雍那樣懂得「調包」，這裡我們所說的「調包」是指可以用一些別人在心理上較容易接受的邏輯思維，來代替人們無法接受的種種現實真相，只有這樣在處理此類的事件時才能處亂不驚，轉危為安。

突發事件　順勢制宜

現實生活中，突發事件時有發生，而這種時候我們應該如何處理，也就是說，如何透過你的語言技巧順勢制宜的得以解決呢？我們先看著名幽默表演大師卓別林的故事。

一天，卓別林帶著一大筆款，騎車駛往鄉間別墅。半路上突然遇到一個持槍搶劫的強盜。強盜用槍頂著他，逼他交出錢來。

卓別林滿口答應，只是懇求他：「朋友，請幫個小忙，在我的帽子上打兩槍，我回去好向主人交代。」

強盜摘下卓別林的帽子，朝帽子上打了兩槍。

卓別林說：「謝謝，不過請再向我的衣襟打兩個洞吧。」強盜不耐煩的扯起卓別林的衣襟打了幾槍。

卓別林鞠了一躬，央求道：「太感謝您了，乾脆勞駕將我的褲腳打幾槍。這樣就更逼真了，主人就會相信了。」

強盜一邊罵著，一邊對著卓別林的褲腳連扣了幾下扳機，也不見槍響，原來子彈打完了。卓別林一見，趕忙拿上錢袋，跳上車子飛似的逃走了。

你可能說這是個小笑話而已，未必是真實的事情。當然，幽默歸幽默，其中所蘊藏的道理卻是正確的，那就是，對於突發事件，任何人都是難以預料的，應付突發事件的最好辦法就是機動靈活，順勢制宜。

曾經有一位光彩照人的女演唱家，曲畢謝幕時，沒有走出兩步，便被麥克風的電線絆倒在地，嬌美的身軀與當時的狼狽形象形成了一種強烈的對比。此時，觀眾譁然，起鬨聲不斷。

然而，這位女演唱家並沒有失態，她急中生智，站起來，拿起話筒說：「我真正為大家的熱情傾倒了！」

頓時，雜亂的雜訊變成了一陣陣笑聲和掌聲。

女演唱家用這樣得體的辯解方法，以「美」補「醜」，挽回了自己的面子，反而更得到了觀眾的歡迎。

前蘇聯領導人戈巴契夫偕夫人賴莎訪美，在赴白宮出席雷根的送別宴會的途中，他突然在鬧市下車，和站在路旁的美國行人握手問好。蘇聯保安人員急忙將汽車扭轉回頭，衝下車，圍上前去，並喝令站在戈巴契夫身旁的美國人趕快把手從褲袋裡抽出來（怕他們袋內藏武器）。行人搞得一時不知所措，有人責問這是為什麼？站在戈巴契夫身後的賴莎十分機智，趕快打圓場，向責問的美國人解釋說：「他們的意思是你們把手伸出來，跟我丈夫握手。」

這種隨機應變、順水推舟的解決危機事件的巧妙方法，維護了蘇聯領導人對美國人的友好感情。頓時，周圍的美國人伸出手來同戈巴契夫等人握手致意。

【這段對話的關鍵是什麼？】

像上例，卓別林突遇強盜，如果他稍加反抗，定會有性命之憂。卓別林的應變妙處就在於他完全依從了強盜的意志，並「真情實意」的懇求強盜幫助自己度過被劫後的難關，誘導強盜上當。當強盜把子彈打光，形勢卻「柳暗花明」出現了轉機，卓別林從容渡過了這場劫難。

應付突發事件的最好辦法就是順勢制宜，因為變故已經發生，我們無法將它複歸於無，那麼就只好鎮定精神，穩定心緒來坦然面對。順勢制宜的應變分寸在於，我們必須依據眼前的事情、勢態，順其發展，以爭取時間，緩解對自己不利的現狀，然後迅速動腦筋尋找解決危機的方法。

當然，語言的機警、簡練會在此時達到關鍵性作用，這就需要平時多多讀書，多多磨練，只有這樣，才能在遇到突發事件時，頭腦充實，機智敏捷，反應靈活。

成事之道　手段非常

「天有不測風雲，人有旦夕福禍」。人的一生，或多或少都會碰到一些不順甚至災禍，誰也迴避不了。認識到這一點，就大可不必為自己的困境而歎息，反觀那些智者，他們總是能把困境當作一種機遇，巧於應對，從而逢凶化吉，當然，這需要膽識，更需智謀。

大文學家韓愈處事的方法就值得我們借鑒。

韓愈的仕途開始時很不順暢，他二十歲左右開始參加科舉，一連三次，均名落孫山，直到第四次才算考中，這時他已經三十歲了。根據當時的科舉制度，考中進士，還不能授官，還需經過吏部的考試，合格者才可正式授官，於是韓愈又考，不料又是一連三次的失敗。

和其他文人一樣，韓愈向當時的權貴投書，推薦自己，兩個月內向三位宰相上書三次，依然沒有得到他們的青睞。於是韓愈不得已而求其次，投奔藩鎮的節度使，先後投奔了兩位節度使，可時間不長，節度使就死了，韓愈又只好重找靠山。

韓愈於是又回到京城，這一回他選中了京兆尹李實。按照老辦法，韓愈先給李實寫了封信，信中多有溢美之詞。他說：我來到京師已經十五年了，所見的公卿大臣不可勝數，他們都不過是些不求有功、但求無過的平庸之輩，還從沒有見到一個像您這樣忠心耿耿的效忠皇上、憂國如家的人。今年天氣大旱，一百多天沒有下雨，種子下不了地，田野寸草不生，可是，盜賊不起，穀價不漲；京城百姓，家家戶戶都感受到了您的關懷。而那些以前喜歡為非作歹的奸佞之輩，也都銷聲匿跡了。如果不是您親自處理鎮服，宣傳天子的恩德，怎麼能有這種喜人的局面呢？我從青少年時代便讀聖賢之書，頌聖賢之事，凡忠於君孝於親的人，雖在千百年之前，也十分敬慕，更何況親逢閣下您這樣的人，我怎麼能不侍候在您的身邊以報效我的忠心呢！

他非常了解李實的為人為官之心，就是喜歡別人對他的奉承之言行，而韓愈恰好順著他的心理感覺走，達到了自己的目的。

不久，韓愈果然被提拔為監察御史，成為一名京官了。

這位李實真的像韓愈所說的那樣好嗎？相反，他是一個十足的奸佞之輩。據史書記載，李實之奸，京師之人無不切齒痛恨，他為人虛榮心強，喜歡聽奉承話。以韓愈的識見，當然能看清他的為人。

韓愈在擔任監察御史後，立即上書唐德宗，反映關中旱情及民不聊生的情況，實際是在不指名的告李實的狀。

【這段對話的關鍵是什麼？】

從向李實阿諛奉承到告李實的狀，可見韓愈對李實的利用還是極為成功的，而成功之處就是他對李實為人為官的心理的把握，利用對方的虛榮心而使自己得到提升。當然，最後，韓愈也知道這是權益之計，自然能夠得大體、識大局，為民除害，最終上書唐德宗，令其得到應有的懲罰。

俗話說，做事講究良心和原則，但在某種情境下，為了一時的權益之計，我們姑且可以向韓愈那樣，多利用周邊可利用的人，透過利用對方心理進而達到做事效果，這是值得提倡的。

通往成功的道路並不少，有的人能輕易成功，有的人卻始終徘徊不前。除了各種客觀因素外，能不能找到正確的途徑，是一個重要原因。當你以常規管道無法取得成效時，不妨採用一些非常手段。當然，這種非常手段只是權宜之計，若是有什麼不良後果，成功之後要予以彌補。

沉著機智 化險為夷

大千世界，人心不一。無論在社交場合還是在做事過程中，我們都可能遇到與我們觀點相反、意見相左的人。他們動輒別有用心，故意用一些刁鑽古怪的問題來刁難詆毀我們，使我們陷入尷尬境地。

兵法云：「以靜制動。」對任何事情，只要能沉著機智，總能想出制勝的辦法來。

尷尬場合、尷尬局面的出現，往往是剎那間的事情，如果缺乏鎮靜，大驚失色，那只能是手足無措，亂上添亂。如果能在心理上保持平衡與穩定，神色不改、鎮靜自若的面對出現的問題，則有可能巧妙機智的應付尷尬。

一九七〇年代，美國國家安全特別助理季辛吉博士，談吐幽默，足智多謀，是一位善於應付尷尬場面的外交家。

一九七二年五月，他隨尼克森總統訪蘇結束後，便前往德黑蘭作短暫的停留。在到達德黑蘭的當天晚上，伊朗首相胡韋達邀請季辛吉去看舞女帕莎的表演。帕莎的高超舞藝使季辛吉看得出了神。

演出結束後，他還和帕莎交談了許久才回到住所。第二天，在總統的座機上，美國《紐約時報》記者馬克斯．費蘭克爾向季辛吉打趣：「你喜歡她嗎？」對於如此唐突和不懷好意的戲弄，一般人一定會窘態百出。而季辛吉不假思索，一本正經的回答：「她是個媚人的女孩，而且對外交事務有著濃厚的興趣。」

這位記者會意錯了，興奮的追問：「這是真的嗎？」

季辛吉更加詳細的說：「那還有假？我們一起討論了限制戰略武器的方案，我費了好些時間向她解釋怎樣把導彈改裝成在潛艇上……」

那位記者聽到此時，才感到上了當。

答非所問，是在尷尬處境中應變分寸的一種技巧，是回答提問的一種迴避戰術。如果對方提出的是我們不能回答或不想回答的問題時，我們可以巧妙的利用其他因素轉移話題，讓對方無法得到想知道的答案。

在做事過程中，我們會經常遇到一些難以回答的問題。我們應該採取怎樣的措施，在極短的時間內處理好極複雜的事情呢？

南齊有個著名的書畫家叫王僧虔，是晉代王羲之的四世族孫，他的行書、楷書繼承祖法，造詣很深，一手隸書也寫得如行雲流水般飄逸。

當朝皇上齊高帝蕭道成也是一個翰墨高手，而且自命不凡，不樂意聽別人說自己的書法低於臣子，王僧虔因此很受拘束，不敢顯露才能。

一天，齊高帝蕭道成提出要和王僧虔比試書法高低。

於是君臣二人都認真寫完了一幅字。寫畢，齊高帝蕭道成傲然問王僧虔：「你說，誰為第一，誰為第二？」

若一般臣子，當然立即回答說：「陛下第一」或「臣不如也。」但王僧虔也不願貶低自己，明明自己的書法高於皇帝，為什麼要做違心的回答呢？但他不敢得罪皇帝，怎麼辦？王僧虔眼眼珠一轉，竟說出一句流傳千古的絕妙答詞：「臣書，臣中第一；陛下書，帝中第一。」

他巧妙的把臣子與帝的書法比賽分為兩組，即「臣組」和「帝組」，並對之加以評比，既給皇帝戴了一頂高帽子，說他的書法是「皇帝中的第一」，滿足了皇帝的冠軍欲，又維護了他自己的榮譽和品格，使皇帝更敬重他的風骨，覺得他不是那種專門拍馬屁的傢伙。

果真，齊高帝蕭道成聽了，哈哈大笑，也不再追問兩人到底誰為第一了。

【這段對話的關鍵是什麼？】

當遇到這類棘手的問題時，最好避免與之正面交鋒，你可以運用智慧機智沉著的另尋突破口，出奇制勝，化險為夷。口沉著冷靜，出奇制勝。

當你處在窘迫中時，大的方向是必須明辨事理，說話得當，從實際出發，視情況而定，有什麼情況就採取什麼行動。既要解決難題，又要讓雙方都滿意。

但有一點要特別注意：如果有人故意要跟你過不去，給你製造種種麻煩時，你千萬不要生氣，大動肝火，如果不能控制自己的情緒就只會情勢惡化，擴大事態，結果二虎相鬥，兩敗俱傷。

所以此時你既不能感情用事大發雷霆，也不能張口結舌，無所適從，唯一的辦法是：頭腦冷靜，控制情緒，運用機智靈活的做事技巧，特別是以你的應變術去對付潛在的危機。

巧借外力　突破常規

我們在遇到難事、束手無策的時候，可以借助於外部的力量。單靠常規辦法解決不了的問題，我們可以尋求一種外部的媒介，透過它來達到自己的目的。荀子曾經說過「君子善假於物也」，講的就是這個道理。

宋太祖趙匡胤以「杯酒釋兵權」的方式解除了幾位大將的兵權後，又擔心他們聚斂的財產太多，於是他給這些大將每人賞賜一塊土地，讓他們建造房屋，結果他們每人都花費了數萬兩銀子。房子蓋好後，宋太祖又擺下酒宴，請他們來喝酒。當大家喝得酒興正濃之時，宋太祖宣召每位大將的子女們攙扶著他們的父親回家。太祖親自把他們送到大殿門前，並對他們的子女說：「你們的父親已經答應各自獻給朝廷十萬緡錢了。」

幾位大將回去酒醒之後，問家人自己是怎麼回來的，是否在皇上面前失禮。他們的子女告訴自己的父親他們曾答應獻給朝廷錢財的事。幾位大將雖然懷疑自己喝醉了是否真說過這樣的話，但第二天還是全都上奏表示要如數上繳十萬緡錢。

宋太祖深懂謀略，當年他在酒桌上杯酒釋兵權，巧妙的削奪了幾位大將的兵權，避免了隋唐五代時期的藩鎮割據局面。現在，他又以酒為媒介，透過差不多相同的手段，為朝廷從這些重臣中間聚斂了一大筆錢財。按照常理，大臣由朝廷發放俸祿，如果大臣不是因為犯罪被抄家，他們的家產都是屬於個人的，皇帝雖然是最高統治者，也沒有權力從大臣那裡獲得錢財。宋太祖深知這個道理，所以沒有公然違背這一準則，但是他十分高明，想出一個說大臣們醉酒之際自願向國家進獻錢財的方法。雖然這樣的手段不夠光明正大，但是卻很有實效，大臣們果然乖乖的交出了錢財，真是啞巴吃黃連，有苦說不出。我們不一定要學宋太祖採取的這種謀術，當然，是指借鑒他分析問題、處理問題的這種方法。

善於運用這種手段的還有宋代的丁謂。

丁謂曾官居宰相，後來被貶崖州。崖州在當時是偏遠之地，他一心想著說服皇帝，改變自己的命運。當時他的家眷住在洛陽，他寫了一封家書，派人送給洛陽太守劉燁，請劉燁代為轉交。他還特別囑咐奴僕：「一定要等到劉燁接見各位同僚的時候，再將這封信送交。」

劉燁當眾收到信後，覺得事關重大，不敢隱瞞，便立即將這封信轉呈宋仁宗。仁宗看到信中丁謂一再自責，回顧朝廷給他的厚重恩惠，訓誡家人不要對朝廷心懷怨恨，於是動了惻隱之心，下令將丁謂轉徙雷州。

丁謂的名聲很不好，但是說到謀略，確實有勝人一籌的地方。他寫這封家書的時候，已經準備好後續的行動，所以寫作的內容是有預謀的，就是寫給宋仁宗看的。如果直接上書仁宗，目的很可能被識破，也許會遭到更加嚴厲的懲罰。因此，最好的辦法是借助曲折手段來呈交給皇帝，自然可以洗脫自己耍弄奸計的嫌疑，而且信件的說服力更強，不會引起仁宗的疑心。由於是透過第三者轉呈，宋仁宗就很難發現這封家書的真實目的，丁謂的計謀果然馬到功成。

【這段對話的關鍵是什麼？】

故事告訴我們：利用外力，有時使事情迂迴了一下，有時使事情模糊了一些，有時使事情得到了美化，這裡面的門道值得我們認真研究啊。

突破常規，巧借外力的做事方法就是巧借外力之名達到自己真實的目的。在這一過程中雖然人心自明，但由於外力的原因，他人只好屈服在外力之下，而因此就達到了做事人的做事目的。

隨機應變　明哲保身

世界上的很多事情都是難以預料的。要處理好這類事情，必須學會隨機應變，這才是明哲保身之道。

劉備處在低谷時期，只有暫時投向走紅運的曹操。而他暗地又參與了滅曹的組織，只好裝痴，將自己的計畫隱藏到深處，屈作一個菜農。不然稍稍露出蛛絲馬跡，就會遭殺身之禍。曹操擊敗呂布，奪取了徐州，劉備因自己勢單力薄，只好隱藏下自己大展宏圖的夙願，暫時依附於曹操。

曹操原本對劉備不放心，消滅呂布後，讓車冑鎮守徐州，把劉、關、張一同帶回許都。既然歸順於他，也就得給些甜頭，於是曹操帶劉備進見獻帝，論起輩分，劉備還是獻帝的叔叔，所以後來人家叫他「劉皇叔」。

一次劉、曹開懷暢飲，天南地北閒聊起天來。曹操為什麼單單要請劉備來喝酒呢？原來他也是趁酒後話多的時候，探測劉備的真心，看他是不是也像自己一樣，不甘於人下，有稱王稱霸的雄心。

當酒喝得正來勁的時候，曹操發話了：「玄德，您久歷四方，見多識廣，請問，誰稱得上是當今的英雄？』

劉備沒有提防曹操突然談這個主題，一時不知他葫蘆裡賣的什麼藥，只好搪塞道：「我哪配談論英雄呢？」

可是曹操決意要自己說個究竟，劉備心裡已對曹操的用意猜出八九分。於是開始裝糊塗了，他略加思索說：「淮南的袁術，已經稱帝，可以算作英雄吧！」

曹操一笑說：「他呀，不過是墳中的枯骨，我這就要消滅他！」

劉備又說：「河北的袁紹，出身高貴，門生故吏滿天下，現在盤踞四個州，謀士多，武將勇，可以做英雄吧？」

曹操又笑了笑說：「袁紹外表很厲害，膽子卻很小；雖然善於謀劃，關鍵時刻卻猶豫不決。這種做大事怕危險、見小利不要命的人，可算不得英雄。」

劉備又說：「劉表坐鎮荊州，被列為『八俊』之首，可以算作英雄嗎？」

曹操不屑的說：「劉表徒有虛名而已，也不能算英雄！」

劉備接著說：「孫策血氣方剛，已經成為江東的領袖，是英雄吧？」

曹操搖搖頭說：「孫策是憑藉他父親孫堅的名望，算不得英雄。」

劉備又說：「那益州的劉璋能算英雄嗎？」

曹操擺擺手說：「劉璋只仗著自己是漢家宗室，不過是個看門狗罷了，怎麼配稱英雄呢？」

劉備見這些割據一方的大軍閥都不在曹操眼裡，只得說：「那麼像漢中的張魯、西涼韓遂、馬騰這些人呢？」

曹操一聽劉備說出的盡是一些三流的名字，禁不住拍手大笑說：「這些碌碌的小輩，何足掛齒呀！」

劉備聽得搖搖頭說：「除了這些人，劉備我孤陋寡聞，可實在不知道還有誰配稱英雄了。」

曹操停住笑聲，盯著劉備說：「英雄，就是要胸懷大志，腹有良謀。所謂大志，志在吞吐天地；所謂良謀，謀能包藏宇宙。」說罷，他仔細觀察劉備的反應。

劉備佯裝不知，故意問道：「那誰能稱得上呢？」曹操指指劉備，又點點自己，神祕的說：「現在稱得起英雄的，只有你和我呀！」

一聽這話，劉備不由得心中一震，嚇得手一鬆，筷子掉到了地下。此時，恰巧閃電一亮引出一串震耳欲聾的霹靂，轟隆隆炸得天都要裂了。劉備彎腰拾起筷子，緩緩的說：「天威真厲害，這響雷幾乎把我嚇壞了！」

曹操透過對世間英雄的一番議論，觀察到劉備聞雷時丟掉筷子的情景，還真以為劉備不但是個目光不夠遠大之人，而且是讓驚雷震掉了筷子的膽小鬼，禁不住哈哈大笑起來。

【這段對話的關鍵是什麼?】

自此，曹操對劉備的戒心也就鬆弛了許多，最終使得劉備尋得脫身到徐州的機會。劉備正是一味裝呆作痴，隱真示假，隨機應變，給曹操一種朦朧的感覺，使自己的利益、性命在巧妙的應變中得到保存。

消除對方對自己的戒備，這無疑對我們在現實社會中的做工作開展業務有相當大的益處，也是機智的生存、發展手段，正是競爭者對自己的不同程度上的藐視而使自己尋得新的發展空間。

順水推舟　迷惑對方

人各有其情，各有其性。有的人喜歡聽奉承話，給他戴上幾頂「高帽」，他就會使出渾身力氣幫你做事；有的人則不然，你給他戴「高帽」，反而引起了他敏感性的警惕，以為你是不懷好意；有的人剛愎自用，你用激將法，才能使他把事辦好；有的人則脾氣暴躁，討厭喋喋不休的長篇說理，跟他說話做事就不宜拐彎抹角。

無論如何，要學會順水推舟來做事。

春秋魯成公時，晉人扣留了鄭成公，妄圖用鄭成公來威脅鄭國。怎麼辦呢?答應晉國的無理要求?那是不可能的;拒絕?但是自己的國君在晉國手裡啊。這時，鄭國大夫公孫申說：「我有一個法子，我們出兵圍攻許，向外國作出改立國君的樣子，晉人看到我們的國君沒有價值後，肯定會讓我們的國君回來。」

於是，鄭人就圍攻許，表示並不把國君被扣當作要緊之事。晉國大夫欒書說：「鄭人改立國君，我們扣留一個鄭成公，有什麼好處？不如討伐鄭國，讓他們的國君回去，藉機講和。」於是，諸侯討伐鄭國，讓鄭成公回國。

其實這樣的例子在歷史上有很多，最出名的是明朝英宗年間的事。

英宗親征瓦剌，在土木被瓦剌所俘，這就是有名的「土木之變」，瓦剌首領也先挾持英宗，逼近北京，形勢緊急。于謙就對使者說：「依靠社稷神明保佑，我們已有新皇帝了。」使者見明朝已經另立新君，並且做好了堅守京城的準備，沒有辦法，只得歸還英宗。

楚漢爭霸時期，項羽抓住了劉邦的父親，想以此威脅劉邦，於是揚言說要烹劉邦的父親。劉邦說：「我們曾結拜為兄弟，我的父親就是你的父親，如果你一定要烹了你父親，也分我一杯肉湯吧！」

正是因為劉邦表面上的毫不在乎，他的父親正因此才能得以安全返回，這也可以算是孤注一擲吧。

【這段對話的關鍵是什麼？】

由此可見，要是于謙、劉邦等人不順水推舟、迷惑對方的做事方法，只是簡單的針鋒相對，最終的結果可能就是玉石俱焚，甚至是單純的失敗。

對方的性格與心理，是我們做事的最佳突破口。無論和什麼人打交道，我們都應先摸清對方的脾氣稟性和那時的心理情緒，據此順水推舟、對症下藥，就很容易「藥到病除」，做事成功。

裝瘋賣傻　進退有路

民間有「好漢不吃眼前虧」的說法，要想成就事業，建立功勳，必須認清時務，因機而變，相機而動，如果一味死拼，不講策略，硬逞英雄，非但無人喝彩，而且最終也將一事無成。

戰國時期，著名的軍事家孫臏更是將困境之中的應變之術運用到了登峰造極的地步，在惡勢力欲置他於死地的緊急關頭，他乾脆就裝起瘋賣起傻來。

相傳孫臏是孫武的後人。他少年時期聰明過人，心智靈犀，後拜名師鬼谷子學習文韜武略，頗受老師的喜愛。他有一名同學名叫龐涓，此人心計詭譎，陰險狡詐。他自知才能不如孫臏，想法迫害孫臏，但他表面卻裝著與孫臏交好。孫臏為人心地淳厚，善良純潔，沒有覺察出危險來，把龐涓當成自己最好的朋友，經常與之討論韜略，議論時局，指點江山。龐涓越發嫉妒孫臏的才能。

後來，龐涓出師了，到魏國被召為駙馬，深得魏王的重任。他深知孫臏的存在早晚會對自己構成威脅，就寫信邀請孫臏到魏國共事。等到孫臏來了魏國，就利用手中權力迫害孫臏，在魏王面前誣陷孫臏。魏王信以為真，下令要處斬孫臏。龐涓又在魏王面前替孫臏求情，建議將處斬改為「臏刑」，即砍去雙腿的膝蓋骨。表面上是救了孫臏，實質卻是「一箭雙鵰」，既迫害了孫臏，又可把其留在身邊，控制他的人身自由，為他所用。他把已成殘廢的孫臏接到自己府中，假裝殷勤照顧，並要孫臏將平生所學寫成兵書。

孫臏在慘痛的血的教訓面前，終於認清了龐涓的真面目。他深知兵書著成之時，就是自己身首異處之日。他心計周密，知道自己現在掌握在龐涓手中，稍有反抗，就會遭受更深的迫害，他決定深藏仇恨，等待時機，為了不為龐涓著書，他佯裝瘋癲，整日在街上爬來爬去，夜晚則睡在茅廁、牛欄、豬圈等處。雖然龐涓沒有看出孫臏是裝瘋，但他仍派人暗中監視孫臏，一旦發現破綻，就派人暗殺孫臏。孫臏只得整日整夜露宿街頭，忍受種種苦難。

齊國大將田忌出使到魏國，見到孫臏，非常同情他的遭遇，就祕密的帶他到了齊國做了他的謀士，後來在龐陵之戰中打敗了魏軍，殺死了龐涓，報仇雪恨。

【這段對話的關鍵是什麼？】

在這則故事中，孫臏巧妙的運用了裝瘋賣傻的策略，既保護了自己，又消滅了仇人，一舉而兩得，不失為恰到好處的應變招法。

「裝痴作呆」、「裝瘋賣傻」都是一種臨危之時，隱其鋒芒，韜晦待機的應變戰術。運用這種戰術的分寸在於「裝假」必須「成真」、「裝瘋」必須「真傻」，必須做到天衣無縫，才能真正達到欺瞞和迷惑對方心理而又保護自己的作用。

明修棧道　暗渡陳倉

突發性的事件，瞬間令你身處驚險、危險的境地。任何人無法估計它何時來臨，所以任何人也無法預先做好應變的準備。

驚險場合對於機智者來說，只需一個巧思，即可化險為夷，最後也只是有驚無險，平安無事。隨時能因對象的變化，靈活應對，做出出人意料的反應，往往被人認為是明敏果斷、超人一等。

北宋時，李允則擔任雄州刺史，這段時間，他一直愁眉不展。當時，遼人在城外虎視眈眈，城池又年久失修，特別是原來的甕城，現在顯得十分狹窄。不修，將來一旦有戰事發生，後果就不堪設想；修吧，遼人會以為宋軍在備戰。本來朝廷剛剛與遼人講和，和平來得不易，遼人會抓住這一點，乘機尋釁鬧事，甚至會使戰事重開。

這天，他一個人出去散步，順便在街上和百姓聊聊天，了解一些民情。他問當地人：

「最近日子過得怎麼樣？」

見刺史大人問，有人答道：「還好。現在不打仗了，可以安心做些生計。」

「有什麼不順心的嗎？」刺史問。

「沒有。就是城北的小偷多些，上次……」

李允則突然想到了一個辦法，他回到府衙，下令在北城門外的東嶽祠造個大大的香爐，還有其他的供器。

造好的那天，李允又說：「現在是太平盛世，要弄得熱鬧些。」

於是，官府雇了一些吹鼓手，在城裡大吹大擂，人們都擠在道路兩旁看熱鬧。進香的人也忙著向祠裡敬獻金銀布帛。手下人問刺史：「大人，人多事雜，是不是要加強一下人手，防備一下盜賊？」

李允則卻說：「不必了，我自有分曉。」

第二天，就有人來報，東嶽祠裡新造的器物竟然被賊人偷走。

這還了得！李允則下令各處張榜，捉拿盜賊，故意弄得滿城風雨。百姓們都說，刺史這次做事，是雷聲大，雨點小。半個月過去了，居然連個盜賊的影子也沒有見到。

為什麼抓不到賊人呢？李允則解釋說：賊人是從北面來的，偷了東西，當然跑了。現在最重要的不是抓賊，而是防賊。他下令在城北再修一道城牆，來防備盜賊。

遼人開始見宋人在修建城牆，很慌，仔細打探，原來是防賊的，就感到好笑：「光靠修牆就能防賊嗎？笑話！」

這樣，他們就不再在意了。

城牆修好了，城壕也疏浚了，還築起了月堤。三月三日的那天，李刺史召集大家在界河舉行划船比賽，還請北邊的遼人來觀禮。遼人看得有趣，卻不知道李大人是以此來練習水戰。州北邊原來有很多陷馬坑，城下還有哨樓，可以望到十里以外。李允則說：「遼國和我們已經講和了，留它何用？」

就叫人把哨樓拆掉，把陷馬坑填平，改為軍兵的菜園。他還命人修復水井，開通溝渠，開墾菜地，修築短牆縱橫於其中。還種上荊棘，使這塊地方更加難以通行。然後又整治大街 小巷，把佛塔建到北面，州裡的百姓早晚登塔，可以瞭望到三十里以外。李允則還下令凡有空地，一律種上榆樹。久而久之，榆樹長滿了塞下。

部下說：「大人，現在蓋起房子，百姓就不用愁木料了。」

李允則笑了笑說：「這樣做是使這裡適於步戰，而不利於騎兵交戰，哪裡只是為了多些建房子的木材？」

李允則用的是瞞天過海的計謀。李允則很有遠見，他的遠見在於他意識到宋國和契丹之間的戰爭難以避免。因此加強城池的邊疆防禦能力是當務之急。只有你的防守能力不斷加強，才會消除對方進犯的念頭。但李允則同樣意識到，在這種情勢下，雙方都極為敏感，一點稍稍過分的舉動就會重新燃起戰火，這又適得其反了。

所以，既要加強防備，又不能讓對方有所懷疑，於是李允則就借防盜、賽船等正當的藉口來築牆、練兵，還以拆了用來瞭望的哨樓，平了陷馬坑來表示對遼方不加設防，但遷到北邊的佛塔看得比瞭望的哨樓要遠得多。種樹之類的事也是為了使騎兵的活動不便。不知不覺間，宋軍的防禦能力得到了加強。

還有一個十分相近的例子。

何承矩鎮守澶州，瓦橋關與遼國相鄰，何承矩擔心沒有關河的阻礙，敵人一旦進襲，就可以長驅直入。他就計畫在靠近水澤的地方，積水作為要塞。但他又不願驚動敵人，就修築了一座觀景臺，水中種著荷花，每天在那裡泛舟飲酒，詠荷花，畫荷花。漸漸的，水塘多了，處處是天然的水關。人們都以為他在附庸風雅，殊不知他為宋國設置了天然的屏障。

【這段對話的關鍵是什麼？】

明修棧道，暗渡陳倉，巧借其活動而達到軍事目的，又小心的維繫了雙方脆弱的和平，李允則和何承矩真正是煞費了苦心。

有時候，想要做成一件事情，明目張膽的去做，容易引起別人的過度關注，以至阻撓、甚至是公然的反對。這時，就需要用別的藉口來掩蓋，不讓別人產生懷疑，不會造成事端。

如何把握輕重緩急→達變定律

做事必須把握輕重緩急的分寸。必須深諳「達變之道」，該急的急，該緩的緩。急事要急辦，但不能急躁，心態要放平；緩事宜緩辦，但不等於放鬆，要張弛有度。

輕重緩急　處世練達

愚笨的人壞不了什麼大事，因為他自知愚笨，也就不奢望去做什麼驚天動地的大事，人們也不會把重任交給他；而越是精明之人越要自知責任重大，越要小心謹慎才對。

西漢初，燕王盧綰謀反，劉邦派樊噲率兵去平亂。

發兵之後，朝中有人揭發樊噲謀反。劉邦聽後非常生氣，說：「樊噲這個老匹夫，看來是盼我早死。」他把陳平和周勃叫到病床前，吩咐說：「陳平火速傳我旨意：由周勃代替樊噲統帥軍隊。等陳平到達軍中後，就把樊噲斬首。」

二人領了皇帝的聖旨後，私下商量說：「樊噲是皇帝的好朋友，立下許多功勞，又是皇后的妹夫。皇上一時惱怒想殺他，恐怕日後後悔，所以我們還是緩一緩，不要急著殺了他，還是讓皇帝自己看著辦吧。」

陳平和周勃來到軍隊駐地，叫樊噲來接受皇帝的指示，樊噲一進來，馬上被捆起來裝進籠子運往京城長安，周勃代替了樊噲率兵平定燕王之亂。

陳平在回京城的路上，聽說高祖死了，他擔心遭到呂皇后報復，就命人先回去報告消息。不久，陳平接到命令，要他馬上回官。

見到呂后，他哭得非常傷心，就在皇帝靈堂前把逮捕樊噲並好意違反聖旨的苦心報告呂后，呂后聽了很是感動，說：「你回去休息吧。」陳平堅決請求在皇帝靈前守夜。不久，呂后任命陳平為郎中令，陪伴新皇上讀書，從而避免了受害。

宋仁宗時宰相呂夷簡也是一位很懂得做事輕重緩急的人，下面這件小事就很充分反映了這一點。

有一次，仁宗病了很長時間，沒有上朝理政。一天，他的病情稍有好轉，想召見主持政務的大臣們。於是坐在便殿，召中樞省、樞密院文武二大臣緊急進宮。

呂夷簡得旨後，過了一會兒才起身入宮，樞密大臣催他快點走，而呂夷簡卻像平時一樣，慢條斯理的踱著方步：宋仁宗見到他們就說：「我病了這麼久，今天剛好些，非常想見見你們，你們為什麼姍姍來遲？」

呂夷簡從容稟奏皇上：「陛下生病，不能親理朝政，朝廷內外都很擔憂，今天忽然召見大臣，我們再慌慌張張跑進宮，人們會誤認為出了什麼大事，引起不必要的恐慌。」

宋仁宗聽後，認為他輔佐政事考慮周全，做事得體。

此後不久，李太后病逝，仁宗的喪服還沒脫掉，呂夷簡就馬上勸諫宋仁宗立曹氏為皇后。范仲淹不同意呂夷簡的見解，馬上去晉見皇上說：「呂夷簡又給陛下出了一個壞主意。」

第二天，呂夷簡告訴范仲淹說：「這一類事情宮廷外的人不會知道，皇上的年齡已經大了，郭后和尚美人都因為失去寵愛而被廢掉了。後宮中想憑姿色得到皇上寵愛的大有人在，不馬上冊封皇后，就沒有辦法阻止這樣的事。」

范仲淹聽後，對呂夷簡的高見佩服得五體投地。

【這段對話的關鍵是什麼？】

以上的幾個事例說明，聰明人做事必須要懂得輕重緩急，把握事情的分寸。

聰明人由於他們平素精明幹練，人們肯託付重任。因此如果他們考慮不周，所思所行草率浮躁，做事之前不把脈相關人的心理變化，他們就把握不了輕重緩急的做事分寸，就一定壞事。

當機立斷　免受其亂

急事不可緩辦，緩辦夜長夢多，容易出現變數。而緩事亦不可急辦，心急吃不了熱豆腐，欲速則不達。不管辦什麼事都應該掌握行動的火候。當斷即斷，免除後患。

漢軍經垓下一役大勝楚軍，在項羽自刎後又勢如破竹，平定了項羽封地內的各處抵抗勢力，爾後把軍隊駐紮在定陶休整。此時獲勝天下已成定局，為了防止韓信的勢力大過自己，大勝之際禍生肘腋，精明的劉邦又一次採用突然襲擊方式，進入韓信軍中，在韓信不防備的情況下，把韓信的兵權收了過來。

劉邦此舉是為了防止軍事割據、建立統一的中央集權。垓下圍剿項羽的戰役，主要是透過韓信指揮的，如此的戰功，自然會贏得各路諸侯們的敬畏。而在戰後，韓信還擁有三十萬兵馬。項羽一死，能夠與劉邦決一勝負的就只剩下韓信一家，而其他的諸侯們都不會對劉邦造成這個威脅，所以，為了自己的安全考慮，劉邦又一次收了韓信的兵權，這樣做當然是完全必要的，而且韓信也本應主動這樣做。韓信未這樣做，劉邦就只好親自做。當然，這樣做的負面作用在於有可能使韓信心中埋下了不滿的種子，也給韓信最後的造反埋下了禍根。在天下已經基本平定的情況下，精明的政治家必須收回兵權，以防變故。因而從政治上來考慮，劉邦的所作所為達到了保證大局穩定的作用。

作為一個傑出的政治家，劉邦能夠用非常的手腕，成就非常的大事，所以在當初需要用到韓信的時候，他就極力與韓信保持良好的關係，即使韓信對自己不忠，也能以大局為重，把韓信所要求的東西給予韓信，使韓信對自己忠心耿耿，幫助自己來完成統一大業。而一旦天下已定，四方升平，劉邦就以其敏銳的政治嗅覺，察覺到韓信有擁兵自重之心，對自己已經構成了一大威脅，而且很難保證韓信不會生成背叛之心。防患於未然，什麼時候都不會是錯的。所以劉邦便在韓信生出反心之前，果斷的採取了一系列的政治措施。

劉邦先是分封韓信為楚王，這樣便兌現了自己的諾言，可以使自己處於一個有利的地位，因為韓信在剛開始的時候，請封齊王的時候，就是打著「暫時代管」的旗號，現在韓信被改封楚王，他自然也沒有什麼話好說。同時韓信齊王的封號被剝奪了，這說明劉邦對於齊地的百姓還是不放心。

齊地土地肥沃，民風強悍，把韓信這樣一個善於用兵的人放到兵源充足的齊地，無疑是養虎遺患。劉邦在項羽死後，已將韓信作為自己第一個要防範和打擊的對象。儘管韓信在關鍵時刻未曾背叛，那是情義之必需、君臣之應有，韓信所表露出的種種跡象，皆以借劉邦調兵之機要求封王為開端，引起劉邦反感，自然不會再將他留在齊地。

所以，這幾個命令一下達，韓信雖然得到了楚地，卻失去了齊地和兵權，明升暗降可謂得不償失。這樣，韓信如果想反劉邦，起碼需要再次準備一段時間。

【這段對話的關鍵是什麼？】

從劉邦自始至終對韓信的由重用到解除兵權來看，他完全對韓信的去留問題掌握了主動權。可以說，劉邦就是深知輕重緩急的做事高手，在遇到重大問題時他從來不心慈手軟、猶豫不決，而是用當機立斷的方法來避免因自己的疏忽心理帶來的無窮後患。

這也警示我們：一不論辦什麼事，都有一個時機問題。一著主動，則萬事皆宜；一著不慎，則滿盤皆輸。在時機到來時，一定要奪取主動，萬不可徘徊猶豫，當斷即斷，免受其亂，這是成大事者敢做敢為的智慧。

該急的事不急辦，時過境遷；該緩的事不穩緩，忙中出錯。因此，不論是急事還是緩事，都得把握好分寸。只有把握好做事的輕重緩急，才更能有利於事業的成功。

權衡輕重　三思後行

做事以前，一定要先想一想，做好應有的計畫，絕不可貿然行事，不可憑主觀的直覺來判斷，之後武斷行事。

漢魏時，朝廷對羌中鮮卑人歸降的多安置在塞內各州郡。後來鮮卑人勢力日益膨脹，經常在關內尋釁鬧事，挑起民族矛盾。殺害地方官，侵擾附近村落，漸漸成為禍害。

晉代時，侍御史郭欽給出了正確辦理這件事的方案，他請求朝廷乘平吳的餘威，把鮮卑人分散到內地或邊疆，加強交通要塞，真誠的對待少數民族。朝廷對這個處理方案沒有採納，後來終於出現了五胡亂華的混亂局面。

通常只有乘開國的氣勢才可揚威邊疆，錯過機會去辦就很難有所作為。宋初不能立威於契，終使金、元外族之禍持續不斷；明太祖朱元璋向北驅逐金、元，威風行於沙漠戈壁；明成祖朱棣定都燕京，多次征服胡人，並重修萬里長城以禦之，這樣做事可謂深謀遠慮。

北宋時，西夏主李繼遷騷擾西部邊疆，保安軍擒獲了李母。宋太宗想把她殺掉，猶豫不決，請樞密使寇準商議此事。商議定後，寇準回家路過相府，將結果告訴宰相呂端。呂端問：「這件事準備怎樣處理？」寇準告之：「準備斬首，以懲戒凶逆。」呂端說：「如此未必合適。」他於是進見皇帝說：「從前項羽欲烹高祖父太公以示威於高祖，而高祖卻說願分得一杯羹。舉大事者是不顧父母的，何況李繼遷是個不孝之子呢。陛下今天殺其母，明日能抓住李繼遷本人嗎？如若不然，只能增添其對宋的仇恨。臣以為，應將李母安置於延州，好好服侍，以招來李繼遷。他即使不降，也可用此事拴住他的心。」太宗聽罷稱讚，以此為理。後來繼遷母死於延州，繼遷死後，其子投誠。

《韓詩外傳》中也有類似的故事。楚莊王欲動員大軍攻打晉國，並武斷的決定：「此事我已決定了，敢再諫者死！」此時，孫叔敖挺身而出，冒死勸道：「我院裡有一榆林，前天，我在林中偶見一隻蟬，正欲去飲露水。這時其身後卻有一隻螳螂，正做捕食之勢。然而螳螂也沒有發現有一隻黃雀早已瞄準了牠。同時，樹下一孩童卻正張著彈弓向黃雀瞄準，而那孩童忽略了腳邊的一個大洞。他們都只為眼前的利益所惑而不顧身後的危險呀！現在晉國未衰，而大王欲討之，情形不也是一樣嗎？」聽了這段話，楚莊王終於收回了成命。

【這段對話的關鍵是什麼？】

當人被某事某物所惑時，往往會不顧利害得失匆匆行動，從而不免受挫。相反，兼顧利害得失者，無論辦什麼事都不會陷入困境。聰明人做事，在注意其利益的同時，他們也深知凡事有利必有弊的道理。所以他們往往能正確權衡事情的輕重大小，兼顧事情利弊得失。

通常人們在處理事情時，心思只顧及在眼前的微小的利益得失上，而忽略了觀察周圍其他的事物對眼前利益得失的影響，而恰恰是這種鼠目寸光的做事方法往往會造成全盤皆輸的嚴重後果。

抓住機會　手疾眼快

機會是成事的空當。不會鑽這個漏洞就不會占據成功的席位。所有成就大事的人都具備看準了時機便下手做的膽略。

西元一八七五年春天。美國實業家亞默爾像往常一樣在辦公室裡看報紙，一條條的小標題從他的眼睛中溜過去。突然，他的眼睛發出了光芒，他看到了一條幾十字的時訊：墨西哥可能出現了豬瘟。

他立即想到：如果墨西哥出現豬瘟，就一定會從加州。德州傳入美國，一旦這兩個州出現豬瘟，肉價就會飛快上漲，因為這兩個州是美國肉食生產的主要基地。

他的腦子正在運轉，手已經抓起了桌子上的電話，問他的家庭醫生是不是要去墨西哥旅行。家庭醫生一時間弄不清什麼意思，滿腦子的霧水，不知怎麼回答。

亞默爾只簡單的說了幾句，就又對他的家庭醫生說：「請你馬上到野餐的地方來，我有要事與你商議。」

原來那天是週末，亞默爾已經與妻子約好，一達到郊外去野餐，所以，他把家庭醫生約到了他們舉行野餐的地方。

他、他的妻子和他的家庭醫生很快聚集在一起了，他滿腦子都是錢，對野餐已經失去了興趣。他最後說服他的家庭醫生，請他馬上去一趟墨西哥，證實一下那裡是不是真的出現了豬瘟。

醫生很快證實了墨西哥發生豬瘟的消息，亞默爾立即動用自己的全部資金大量收購佛州和德州的肉牛和生豬，很快把這些東西運到美國東部的幾個州。不出亞默爾的預料，瘟疫很快蔓延到了美國西部的幾個州，美國政府的有關部門下令一切食品都從東部的幾個州運往西部，亞默爾的肉牛和生豬自然在運送之列。

由於美國市場肉類產品奇缺，價格猛漲，亞默爾抓住這個時機狠狠的發了一筆大財。在短短的幾個月時間內，就足足賺了一百萬美元。

【這段對話的關鍵是什麼？】

亞默爾從人們心理上的客觀認識事物的角度出發，把沒有成為疫區的生鮮豬肉迅速的運到離疫區較遠的地方，這樣當那些疫區需要沒有被汙染的豬肉時，他的豬肉自然會買個好價錢。這就是「手疾眼快，抓住時機」的決勝之道。

亞默爾之所以能夠賺到這樣一大筆別人沒有賺到的錢，就是因為他比別人更能準確的把握商機，他更加知道「機不可失，失不再來」的道理。所以他一旦發現商機就果斷出擊、絕不手軟、急事急辦、特事特辦才獲得了成功。

事情就是這樣，往往你越能抓住普通人的心理特點，你就越能把握事情的主動權，從而做出有效行動。

秉要執本　抓住重點

有人說：聰明而慵懶的人可以做將軍，聰明而勤奮的人可以做參謀，又笨又懶的人可以做士兵，又笨又勤奮的人只會添亂。

其實，將軍之所以能夠懶惰，是因為他很聰明，這種聰明在很大程度是因為他懂得選拔利用人才，而不去親自做應該部下做的事，這是堅持根本，各負其責。

宋朝時，御史臺衙門有一名老僕役，他不僅剛強正直，還有一個怪異的舉動：每逢御史有過失，他就把梃棍（一根象徵性懲罰的棍子）豎直。後來，衙門中的人就把梃棍作為驗證賢與不賢的標誌。

後來，范諷擔任了御史。有一天，他接待客人，親自囑咐廚師做飯，一連叮囑好幾遍。廚師剛離開又叫他回來，一再叮嚀。

這時，范諷突然發現老僕役手中的梃棍豎起來了，他奇怪的問他為什麼。

老僕役回答說：「凡是指使部下做事，只要教給他做事的基本方法，然後要求他完成任務就夠了。如果不按法去做，自然有法給他治罪，何必親自喋喋不休呢？假使讓您掌管天下，你能做到都去告訴每一個人該怎麼做嗎？」

范諷聽後既慚愧又佩服。

美國軍事家巴頓曾經說過：挑選管理者，要挑選那個能夠把事情管好而不是做好的人。

吳王徵召各諸侯國盟會，衛侯來遲了，吳國人就包圍了衛侯的館舍，準備把他抓起來問罪。

子貢聽說後，來見吳國太宰，對他說：「衛國的國君來之前，必然要與眾官員商議，眾人必然有的贊成有的反對，爭論不下，所以來得晚了一點。那些主張來的人是你的朋友，那些反對來的人，是你的仇敵。如果你抓了衛國國君，是打擊了朋友而有利於仇敵啊。」吳國太宰心悅誠服，就放棄了抓衛侯的想法。子貢可以說是一針見血的抓住了問題的關鍵。

與之相反的是事必躬親。對普通人而言，事必躬親是個人風格，無可厚非，但對於領導者來說，事必躬親卻是管理的大忌，對於整個集體的運轉可能是致命的。

道理非常簡單，如果什麼都親自過問，一竿子插到底，實際上是越俎代庖，那還要手下的人做什麼呢？更大的危害還在於，事必躬親一方面使下級感到不被信任，另一方面還會使下級的下級不聽上司的話而直接親附於你，從而造成職責不明，政令不通，人際糾葛不清，矛盾鬥爭尖銳。

所以，事必躬親實際上是主管無能的代名詞。正是想通了這些道理，丙吉才能夠「問牛不問人」，知大節，識大體。

問題在於，很多領導人，包括英明的領導人都想不通這一點。

諸葛亮七出祁山時，工作起來廢寢忘食，凡是處罰二十棍以上的都要親自過問。他老對手司馬懿聽說後，不以為然的說：「吃得少，又事必躬親，哪裡是長久之計呢？」

當然不只是司馬懿看到了這一點，諸葛亮手下也有人曾對諸葛亮直言相勸，認為「為治有體，上下不可相侵」（管理工作有自己的規矩，對下級之間的工作不能越級代勞），並以丙吉「問牛不問人」，陳平「不知錢谷之數」等為例加以論證。

當然，諸葛亮也有他的難處，所以他說：「吾非不知，但受先帝託孤之重，唯恐他人不似我盡心也！」說到底，還是不懂得秉要執本的重要性，只不過反映在對下屬信不過而已。

【這段對話的關鍵是什麼？】

「秉要執本」一語出自《漢書．藝文志》，寓意為：堅持根本，抓住關鍵。秉要執本是統治的權謀，做事的藝術。那些不會說話、做事時抓不住重點的人，傷形費神，愁心勞耳，結果事事做的一團糟，做不出成績，因為他沒有抓住根本。

很多人之所以想凡事都親自過問，最主要的心理原因是感覺不放心，對任何人不相信或者主觀的認為只有自己才是最重要的解決問題的權威，沒有他就無法開展工作，這種思想是相當錯誤也是相當可怕的。

作為管理者，正是因為不必事事操心，所以才能統籌眾多有才能的人。問題大都是相對而言的，除了必須解決的重要問題之外，大多數問題都可以忽略，如果要先解決掉所有的問題才行動，那就什麼也做不成。

探察時局　審時度勢

對人和社會的本質認識是十分重要的，它直接決定著一個人的思維方式和做事方式。如果對此認識不清或流於膚淺，便只能歸結到天真、幼稚之列，其後果必然是處處碰壁，一事無成了。

漢武帝時代的東方朔，最初為了謀取功名，竟用了三千枚竹簡上書朝廷，以求重用。漢武帝賞識他的才華，遂招他入朝。

東方朔為官之後，判若兩人，卻是故意表現自己的貪鄙。皇帝賜宴之後，剩下的肉他總是揣在懷中帶走，賞賜給他的綢緞，他卻用來娶漂亮女子，且是一年便休，還要索回先前給人家的東西，遂後再娶。

這種作法，惹來一片非議。有人指責他說：「先生博古通今，自命不凡，怎會做這種為人不恥的事呢？先生如此行事，就不怕有損聲名，丟掉官位嗎？」

東方朔說：「時代不同了，人情世故卻是一樣的。春秋戰國時代，群雄逐鹿，人才便顯得十分重要。如今天下太平，政通人和，賢君和庸主都能安於其位，人才就顯得不那麼重要了。禮賢下士，那是君主有所需要才做出來的姿態，我怎敢當真呢？更何況嫉賢妒能的人比比皆是，我又怎敢表現我的才能呢？」

終其一生，東方朔雖官位不高，卻是風平浪靜，無災無難，其智慧故事也廣為人知。

東方朔能與世俯仰，曲盡其勢，他的做事原則就來源於對人心世道的深切考察，令人深思。

孔子說：「寧武子，邦有道則知，邦無道則愚，其知可及也。」說的也是人要認清社會的本質，做事才有依據。這就是「審時」。

做事還要度勢，沒有正確的把握住勢，謀事就無從說起，即使硬要去做，那麼也會脫離實際。所謂紙上談兵講的就是這樣的意思。

楚莊王準備攻打晉國，就派豚尹去楚國打探動靜。

沒多久，豚尹回來，對楚王說：「現在還不能進攻。晉國的君臣憂患在先，安樂在後。況且那裡還有一位賢臣，叫沈駒。」

第二年，楚莊王又動了這個念頭，再派豚尹去探察。

豚尹回來了，高興的說：「行了。最初的那位賢臣死了。一些拍馬屁的人都圍在國君的身邊。它的國君喜歡遊樂，不講禮節。下面的人處境危險，抱怨上面。上下離心離德，大王興師討伐，晉國的百姓一定會支持大王。」

楚王聽了他的話，興兵伐晉，一切果然和豚尹說的一樣。

豚尹第一次到晉國去探察情況，回來他分析了局面，認為時機還不夠成熟。第二次去，透過綜合分析，得出了與上次完全不同的結論。這是勢發生了變化。正確的分析勢，順應勢，是謀事的前提。

【這段對話的關鍵是什麼？】

故事中的主人公都是能夠冷靜分析出客觀實際情況，並能很好控制內心情況的人。

雖然說掌握做事的方法、技巧很重要，但是能夠審時度勢，把握事情的輕重緩急並能在特定時期很好的把握自己內心情緒則顯得更加重要。

在這裡，度是分析、揣度的意思。度勢的重要性不僅展現在分析敵我雙方的態勢，還要看清這種態勢的下一步演化。什麼是勢？勢是各種因素綜合在一起所造成的勢態。正確的把握住勢態，然後根據這種勢態調整心理狀態去謀事，才會有獲勝的把握。

寬嚴相濟　遊刃有餘

俗話說，做事要講人情，對於一些非原則的事務，應學會根據當時的實際情況做出一些明智的舉措，就是說，要遊刃有餘的處理事情，而不要對任何事情都一棒子打死，進而發生不該發生的錯誤。

曾國藩曾經向人傳授寬嚴相濟行事的經驗，他舉了一個例子。

李世忠是投誠過來的湘軍將領，因戰功顯赫而官至一品，為人暴戾險詐，很不馴服，其部下也經常為非作歹。那麼曾國藩是怎樣對待這樣的部將的呢？

他用的是二寬二嚴處世方法，也就是兩個方面寬容，兩個方面嚴格。

寬容的方面，一是在金錢上對李世忠慷慨大方，絕不計較，資金充裕時動輒撥給他幾十萬上百萬，視金銀如糞土；資金困窘時寧可自己受窮也要對他解囊相與。二是不與他爭功，一齊打了勝仗以後多歸功於他，有保薦的機會也優先照顧他。

嚴格的方面，一是與其保持距離，盡量少打交道，不與其攀交情，避免頻繁往來，來往的書信簡明扼要，一句話不多說；二是明辨是非，凡是李部手下與百姓爭鬥而告上來的，一律分清是非曲直，絕不袒護，要求李嚴加懲治。

曾國藩自己總結說：「寬者，利也，名也。應嚴者，禮也，義也。四者兼全，而手下又有強兵，則無不可相處之悍將矣。」

寬大仁慈，並不意味著軟弱。它實際上既展現了胸襟和氣度，也展現了涵養與明智。寬大為懷，是為了征服人心，使人心服，也是自信心的表現，可以當作籠絡人心的「胡蘿蔔」。

威猛嚴厲，不意味著殘忍。它所展現的是決心和力度，為的是隊強硬手段迫使越軌者和不法之徒循規蹈矩，遵紀守法，平等競爭。

明朝人況鍾從小吏提拔為郎官，由於楊士奇、楊溥、楊榮的推薦，做了蘇州知州。皇帝召他到朝堂，賜給他皇帝自己簽署的文書，授予他不待上奏、自行處置事務的權力。

他剛到蘇州，管事人拿著公事案卷來上呈，他不問下吏對事情處理得是否得當，便判個「可以」。這樣，下吏們便藐視他，認為他沒有能力。接著衙門中發生的弊病、漏洞就越來越多。有個管事人趙某，他千方百計的欺凌況鍾，況鍾也只是口頭上「嗯嗯」而已。

一個月以後，況鍾令手下人準備好香燭，把掌管禮儀的禮生也叫來，所屬官員全都聚集起來。

況鍾對大家說：「有一封皇帝的詔書沒有來得及向大家宣布，今天就來宣布這道詔諭。」當官員們聽到詔書中有，「所屬官員如做不法之事，況鍾有權自己直接捉拿審問」這一句話的時候，全都震驚了。

宣讀詔書的禮儀結束後，況鍾升堂，召來了趙某，宣布說：「某天有一件事你欺騙了我，偷了財物多少多少，對嗎？某天你又這樣做了，對嗎？」

小吏們都十分驚駭，為況鍾的才智所懾服。況鍾說：「我忍受不了繁瑣的審判手續。」

說完以後，他命令趙某脫光了衣服，讓四個有氣力的衙役把他抬起來扔到空中，掉下來便摔死了。

這樣一個接一個的很快就摔死了六個小吏，並且命令把屍體抬在集市上示眾。這件事使全城上下恐懼萬端，蘇州地方的人民從此改變了惡習，面目為之一新。

但況鐘絕非是一味嚴刑峻法，而是恩威並施，張弛有度。

有一天太守府發生火災，公文案卷都燒掉了。這場火災的肇事者是一個小吏。大火撲滅以後，況鐘站在一堆瓦礫的現場，喊來了那小吏，痛打了他一百杖，喝令他馬上回屋去。之後，況鐘便迅速親自起草奏疏，把罪責全部歸在自己身上，而沒有歸咎和牽連那個小吏。開始，引起火災的小吏認為自己罪當判死刑，況鐘歎道：「這本來是太守的責任，一個小吏哪裡能夠擔當呢？」況鐘的奏疏呈給皇帝後，皇帝判定扣除況鐘的俸祿。

心理要決：

況鐘在同小吏打交道上能夠如此寬大，所以他實施權威時，他們並不怨恨他。假如讓現在的人處在這種境地中，即便是自己的罪過，還想推給自己的底下人，還談什麼替別人受過呢！

況鐘的強硬是別人趕不上的，足以讓那些能說會道的文人自愧不如；其品德也是別人趕不上的，也足以讓那些外表矜持威嚴的權貴感到慚愧。

做事情過度的寬大仁慈容易使人誤以為軟弱，從而得寸進尺，變本加厲；過度的威猛嚴厲容易導致殘暴，從而引起強烈反抗，法紀大亂。所以，寬與嚴互相補充調節，可以避免走極端造成的不良後果，讓人們心服口服的遵紀守法，這樣做起事情來才能遊刃有餘。

因此，在特定的環境下，處理事情要有軟有硬，對待某事從總體上「睜一隻眼，閉一隻眼」也是必要的，對於非原則問題，能夠放過去的就放過去。所謂「水至清則無魚，人至察則無徒」也就是這個意思。

當務之急　刻不容緩

做大事，要每臨大事有靜氣。先察其情，想清楚到底是怎麼回事，然後相應採取必要的對策。該急則急，當緩則緩，或先機制勝，或以靜制動。一旦亂了方寸，就會庸人自擾，徒增煩惱而已。

清朝的康熙皇帝是歷史上很有作為的一位君主，他上臺後的一系列做法表明他對「當務之急，刻不容緩」的理解還是比較深刻的。

順治十八年（西元一六六一年）二月五日，順治皇帝福臨病死，他的第三子玄燁即位，是為康熙皇帝。

擺在康熙面前的形勢是十分嚴峻的。就朝廷以外的情況來說，滿清入關不到二十年，人心並未歸附，反清復明的情緒尚未消除。尤其是鎮守雲南的平西王吳三桂、鎮守福建的靖南王耿精忠、鎮守廣東的平南王尚可喜三藩，勢力十分強大，多年來一直準備造反。臺灣島上鄭成功的後代也虎視眈眈，窺視清朝的東南沿海一帶，尋找時機，準備反攻。

東北方有俄國軍隊不斷騷擾邊境，侵吞土地，掠奪人口財富。西邊的西藏也很不安定，西北部的準噶爾部更是氣焰熏天，不斷向東進擾，北方還有諸蒙古部落，也伺機南下。

朝廷內部的局勢就更令人憂慮了，在四個顧命大臣當中，索屋因年紀大了病死，遏必隆勾結鰲拜，唯鰲拜唯命是從，而蘇克薩哈則是鰲拜的對頭，不久，蘇克薩哈就被鰲拜陷害致死。這樣，朝廷之上就只有鰲拜一黨了。

面對這種內憂外困的局面，康熙如果想開創一個太平興盛的朝代，必然要有非凡的謀略和氣魄。

少年的康熙就表現出他不同於一般人的膽識。首先，他決定除掉鰲拜，掌握實權，然後再作他圖。

康熙六年（西元一六六七年），康熙十四歲，按照當時的規定，他可以親自處理政事了。但有鰲拜專權，他無論如何是親不了政的，除掉鰲拜，就成了當務之急。那麼，明捉不行，用什麼辦法才好呢？康熙終於想出一計，不動聲色的做了起來。

滿族人喜歡摔跤，康熙就挑選了一些身體強壯的貴族少年子弟，到宮中練習摔跤，練了一年有餘，技藝大為長進，康熙也不時到摔跤房去練習，居然也窺得了訣竅。宮廷中的王公大臣以及后妃太監盡知此事，但都覺得是少年心性，十分自然，沒有任何人懷疑康熙有什麼其他的動機。在不知不覺之中，康熙的這支「娃娃兵」就練好了。

在這期間，康熙還依照傳統的「將欲奪之，必先與之」的做法，連連給鰲拜升官，鰲拜父子先後被升為「一等公」和「二等公」，再先後加上「太師」和「少師」的封號。這不僅穩住了鰲拜，還使他放鬆了戒備。

在康熙十六歲的那一年，一切終於準備就緒了，他先把「娃娃兵」布置在書房內，等鰲拜單獨進見奏事時，康熙一聲令下，「娃娃兵」一齊湧上，頓時把鰲拜掀翻在地，死命按住，康熙又讓「娃娃兵」把鰲拜捆綁牢靠，關入了監獄。這群「娃娃兵」做完了一件大事，尚且蒙在鼓中，還以為是小皇帝愛胡鬧，讓他們捉鰲拜考驗功夫呢？也只有這樣，才能守得住祕密，否則，鰲拜的耳目極其眾多，只怕要「出師未捷身先死」了！

在捉住鰲拜之後，康熙立即宣布了他的十三大罪狀，並組織人審判鰲拜，把鰲拜集團的首惡分子也一網打盡。不久，鰲拜死於獄中。此後，康熙又為受鰲拜迫害和打擊的人平反昭雪，放還了被鰲拜霸侵占的民田，又限制了奴僕制度，改革了政府機構。

康熙真是「三年不鳴，一鳴驚人」，他這些雷厲風行的重大舉措，使得一些反應慢的大臣簡直有目瞪口呆之感，但他們很快就緩過神來，覺得康熙實在是一位英明的君主。康熙也從此集中了權力，建立了威信。這是鞏固政權的第一步。

接著開始了第二步行動。

當時最棘手的問題是平定「三藩」，尤其是吳三桂，勾結朝臣，收買心腹，對朝廷的錢糧大加揮霍挪用，在雲南招兵買馬，積極備戰，那是早晚必反的。康熙的態度極為明確，那就是堅決削藩，不能姑息養奸。不過，康熙也有自己的打算，他想，叛亂晚發生一天，就對自己有利一分，因為從年齡來講，自己會一天天的長大，而吳三桂會一天天的老下去，自己會準備得越來越充分，而吳三桂則只會越來越不得人心。

康熙十二年（西元一六七三年），尚可喜年老多病，把藩事交於其子尚之信代理。尚之信掌權以後，殘忍好殺而又多行不義，尚可喜受不了其子的挾持，便上書請求撤藩，要求告老還鄉，並讓其子襲爵。這一年，康熙十九歲，許多大臣都認為不宜撤藩，但康熙認為這是撤藩的大好時機，當即允許。

接到允許撤藩的詔書以後，吳三桂等人知道弄巧成拙，只好佯為恭順，敷衍清廷使者，暗地裡加緊反叛的準備工作。清廷的使者見吳三桂一味遷延時日，不願離開，就要回去報告。吳三桂見已無法可想，就殺掉了使者和雲南的行政長官巡撫朱國治，於康熙十二年（西元一六七三年）十一月悍然舉行叛亂。

康熙面對「三藩」之亂並不驚慌，而是同樣表現得鎮定自若。他認為「三藩」之亂以吳三桂為首，其餘多是脅從，若能擊敗吳三桂，其餘叛軍不難攻破或是收服。這樣，康熙就調兵遣將，重點向吳三桂進攻，對川、陝一帶的脅從叛軍，反覆進行說服爭取工作。康熙的這有輕有重的對策，在不長的時間裡，吳三桂就被分化瓦解，阻困在了湖南。

康熙十七年（西元一六七八年），康熙收復了瀏陽等湘地的許多城池，吳三桂知形勢不好，趕快過一過皇帝癮，撕下了「復明」的假面具，於三月二十三日在衡山祭天，自稱皇帝，改元昭武，改衡州為定天府。同年八月，吳三桂病死。吳三桂死後，其孫吳世璠即位，退據雲南，後昆明城破，吳世璠服毒自殺。吳世璠被斷頭送京，吳三桂被掘墳折骨。耿精忠、尚可信等人也早已被殺，川陝等地也已平定。至康熙二十年（西元一六八一年），亂了八年之久，折騰了十多個省分的「三藩」之亂終於被徹底平定了。

康熙的這一連串措施徐疾得宜、環環相扣、一氣呵成，行事輕重緩急運用得當，令人歎為觀止。

心理要決：

康熙除鰲拜、平「三藩」的事例恰到好處的證明：犯事以大局為重，只有解決好當務之急才能做好其他的事。

這裡需要強調指出的是，在處理當務之急之時，一定要針對涉及的人而考慮如何行動，比如康熙除鰲拜就是利用其對自己年輕不放在眼裡的心理，再加上透過他好大喜功，就更多提拔，讓他失去戒備心理，進而看準時機，透過「娃娃兵」將其捉獲。

事情有緩有急，有大有小，有輕有重，是放棄西瓜揀芝麻，還是丟掉芝麻揀西瓜，這既可能涉及自身的利益，又涉及到他人及整體大局的利益，因此當事人一定要做好客觀冷靜的分析。

事分輕重　善忍小節

對一件小事、一個欲望的處理，能反映出一個人的素養水準和智慧。在小節、小事、不值得的事、次要的事上處理得好的人，定會減少許多成功路上的漏洞和陷阱。能忍小節的人，才能夠經過千折百轉之後成就一番大事業。

北宋呂端善忍小節，被人稱為「大事不糊塗」。

呂端，北宋初期幽州人。他聰明好學，成年後風度翩翩，對於家庭瑣碎小事毫不在意，心胸豁達，樂善好施。

宋太宗趙匡胤時代，呂端被指派協助丞相管理朝政事務。當時老臣趙普推薦呂端時，曾對宋太宗說：「呂端不管得到獎賞還是受到挫折，都能夠十分冷靜的處理政務，是輔佐朝政難得的人才。」

宋太宗聽後，便有意提拔呂端做丞相。有的大臣認為呂德「平時沒有什麼機敏之處」，太宗卻認為：「呂端大事不糊塗！」

終於，呂端成為宋太宗的宰相。在處理軍事大事時，呂端充分展現出機敏、果敢的才能。每當朝廷大臣遇事難以決策時，呂端常常能較圓滿的解決問題。

淳化五年，歸順宋朝的李繼遷叛亂，宋軍在與叛軍的作戰中，捉到了李繼遷的母親。宋太宗單獨召見參知政事寇準，決定殺掉李母。呂端預料太宗定會處死李母，等到寇準退朝後，便巧妙的詢問寇準：「皇上告誡你不要把你們計議的事告訴我吧？」寇準顯出為難的神色。呂端見寇準沒有把話封死，接下說道：「我是一朝宰相，如果事關瑣碎之事，我不必知道；如果是國家大事，你可不能隱瞞我啊。」

呂端、寇準都是明大義、知輕重的人，所以呂端才敢公開的向寇準詢問他與皇帝議事的內容。寇準聽懂了呂端的話中之意，便將太宗的意思如實告訴了呂端。呂端聽後急忙上殿奏太宗說：「陛下，楚霸王項羽俘虜了劉邦的父親，威脅劉邦，揚言要殺死他的父親。劉邦為了成大事，根本不理他，何況是李繼遷這樣卑鄙的叛賊呢？如果殺掉李母，只會使叛軍更加堅定了他們叛亂的決心。」

太宗聽了，覺得有理，便問呂端應該如何處置李母。呂端富有遠見的回答：「不如把李母放置在延州城，好好的服侍她，即使不能很快招降叛賊，也可以引起他良心上的不安；而李母的性命仍然控制在我們手中，這不是更好嗎？」呂端一席話，說得太宗點頭稱讚：

「沒有呂愛卿，險些壞了大事。」

呂端巧妙運用攻心戰術，避免事態擴大，李繼遷最終又歸順宋朝。

如果說在處理李繼遷的問題時，呂端深明大義，努力糾正皇帝的錯誤，避免了大的失誤，那麼在關係到江山社稷大事上，一向不拘細節的呂端卻反其道而行。

宋太宗至道三年，皇上趙光義病危，內侍王繼恩嫉恨太子趙恆英明有為，暗中串通副丞相李昌齡等人圖謀廢除太子，另立楚王元佐。楚王元佐是太宗長子，原為太子，因殘暴無道，太宗廢棄了他。呂端知道後，祕密的讓太子趙恆入宮。

太宗一死，皇后令王繼恩召見呂端未見。呂端觀察王繼恩神色不對，知道其中一定有變，就騙王繼恩進入書閣，把他鎖在裡面，派人嚴加看守，自己冒著生命危險，去見皇后。

皇后受王繼恩等人慫恿，已經產生了另立楚王元佐的企圖，見呂端來，便問道：「呂丞相，太宗皇上已經去世了，讓長子繼承王位才合乎道理吧？」

呂端回答說：「先帝立太子趙恆，正是為了今天，怎麼能違背他老人家的遺命呢？」

皇后見呂端不同意廢太子趙恆，默然不語。呂端見皇后猶豫不定，立即說道：「王繼恩企圖謀反，已經被我抓住。趕快擁立太子才能保天下安定啊。「皇后無可奈何，只好讓太子繼承皇位。

太子趙恆在福寧殿即位的那一天，垂簾召見群臣，呂端擔心其中有詐，請求卷簾聽朝。他登上玉階，仔細看了一番，確認是太子趙恆才退了下來。隨後，他帶領群臣三呼萬歲，慶賀宋真宗趙恆登基。

【這段對話的關鍵是什麼？】

卷簾認準了自己擁立的皇帝才肯行禮，呂端確實是大事不糊塗。精於謀事之人，善於權衡事情的輕重緩急，忍耐平時的小事，但對於重大問題的細節卻一點也不忽略，才能圓滿的處理問題。

一個人不能事事操心，平分精力。人的精力是有限的，如果處事不分輕重主次，必須徒勞無功，不要讓自己的心志和精力糾纏於小事之上，反而耽誤了大事。

如何掌控事情大小→方圓定律

做人處世要「內方外圓」，好像一顆銅錢，大原則要堅持，小事則不要太多計較，要靈活些。古人「智欲圓而行欲方」就是對「內方外圓」「圓道方德」處世態度的認同。

當今，在市場經濟中人際交往，善使原則性與靈活性相融合，方能營造出利於自身發展的良性環境促使事業成功。

沒有規矩　不成方圓

俗話說得好，「沒有規矩，不成方圓」。每一件事的運作都有自己的規則，做事人員也必須遵守規則。比如必要的手續，無論繁簡，該辦就必須去辦；比如簽訂的合同，無論難易，當履行的一定要履行；比如商人做生意時，政府的法令法規無論如何都要遵守。照規矩來，是使事情正常進行下去的必要保證，沒有規矩，無論辦什麼事都會亂套。

清代著名的商人胡雪巖做每一樁生意時，也十分注意遵守應該遵守的商務邏輯，比如綠營兵軍官羅尚德上戰場之前，在胡雪巖開辦的阜康錢莊存了一筆銀子，當胡雪巖開出存摺時，他堅決不要，因為一來他相信胡雪巖的信譽，二來怕自己上戰場後，凶多吉少，要不要存摺無所謂。但胡雪巖堅持開出存摺，稱這道手續不能省略。客戶存入款項錢莊必須開出存摺，這是照規矩做事。又比如胡雪巖與古應春等人合夥賣蠶絲，一下子賺了十萬兩銀子，除去必要的開支外，賺來的銀子所剩無幾。既然是合夥，胡雪巖仍然堅持分出紅利，他說，即使自己沒有賺到一文錢，紅利該分的還是要分。與合作夥伴均分紅利，這也是照規矩做事。

正是因為胡雪巖照規矩做事，天下與他打交道的人無不信任他，所以，胡雪巖的生意也越做越大。

照規矩做事，至少有兩個方面的意義：

第一，能建立信譽。良好信譽的建立，與做事者能夠堅持規矩做事有著極為密切的關係。只有規規矩矩的按照大家都知道的，也是大家都應遵守的規矩做事，才能使人信服，也才能建立起信譽。不顧章法，不按規矩做事的人，是沒有人會相信他的。

第二，能保障安全。這個安全，主要是指利益上有所保障。比如犯法的事不做，做了就是沒按規矩來，這樣說不定會給自己帶來禍害；又比如再要好的朋友，在生意上有合同該簽該訂的一定要簽要訂，該怎樣簽怎樣訂，就要照規矩去辦。因為只有按規矩簽訂的具有法律效用的合同，才能對合作雙方產生約束力，才能有效的保護雙方的利益。

在世界上，猶太人有極強的做事能力，他們十分重視契約。在猶太人看來，契約是神聖不可侵犯的，更不可毀壞。在猶太人的心目中，毀約行為是絕對不允許發生的事情。誰如果毀約，其人格是卑鄙的，他的事業必然失敗。契約一旦簽訂，就是生效了，不但自己遵守，也要求對方嚴守契約，對契約絕不允許發生含糊模稜的情形，無論發生什麼問題，都是不可以更改的。

猶太人在與外人打交道、做生意時，總是小心謹慎，因為他們對對方不了解，不知道對方在做事過程中是否會守約，所以他們開始不太信任對方。尤其是第二次與不守約的人交往時，猶太人根本不會相信所簽訂的契約。因此，在與猶太人交往中，要想博得猶太人的信任，第一件要辦的事便是遵守契約，無論發生什麼突變，以及特殊的環境之下，都要沒有餘地的做到這點，否則你便是枉費心機。

猶太人遵守約定，這是他們做事的第一條規矩，第二條做事的規矩便是絕不漏稅。猶太人擁有世界上最多的財富，卻比世界上任何一個國家的商人都重視繳稅，在猶太人心中，有一套屬於他們自己的觀點，他們認為，納稅是和國家所訂的無形的契約，誰偷稅、漏稅、逃稅，誰就是違反了和國家簽的契約。違反契約，對猶太人來說是無法原諒的。請看下面的實例。

一個外國人到海外旅行，回來時將一顆寶石藏在鞋裡企圖不納稅入境，結果被當地海關查出扣留。與外國人同行的猶太人看到這種情況時，奇怪的問道：「為何不依法納稅，堂堂正正的入境？」按照國際慣例，像寶石之類裝飾品的輸出費，一般最多不超過百分之八，如果照納輸入費，堂堂正正的進入國境，若想在再把寶石賣出時，只要設法漲價百分之八就行了。因此說，猶太人的依法納稅實在是一個明智之舉。從側面來說，也反映了猶太人按規矩做事的特點。

【這段對話的關鍵是什麼？】

很多人總是懷著僥倖心理奢望躲過既定規則撈取好處，就像故事中將寶石藏在鞋裡妄圖避免逃稅的那個人一樣；而有些人則喜歡按規則做事，認定遵守規則才是一切成功的前提。話說開來，兩種心理綜合起來看，就涉及到了本小節的議題——做事的方與圓問題。

懂得照規矩做事的人就在無形中掌握了做事時「方」與「圓」的分寸尺度，只有按照規矩做事的人，才能取信於別人，而恰恰是這種信任感才是任何人邁向成功的關鍵。

眼光長遠　顧全大局

作為一個總管各方各面的人，必須學會識大體、知大局而棄細務，這很重要。

項羽年輕的時候，讀書半途而廢，學劍又不了了之，於是他叔叔項梁就生起氣來。

項羽說：「讀書讀到能夠寫名字就可以了，學劍又只能與一個人較量高低，我要學萬人敵。」

項梁一聽大喜，於是就教給他兵法，項羽果然精進不少。

戰國時期，孔子的學生宓不齊做單父縣長，齊國人攻打魯國，單父是必經之地。

單父的老人們向宓子請求說：「地裡的麥子已經熟了，請你任憑人們出去收割吧！不要管是不是他種的。讓單父的百姓增加些糧食，總比留在地裡，讓敵人獲得資助強些。」他們請求了三次，宓子都不同意。

不多久，齊兵就來了，搶走了麥子。季孫氏聽說以後很心疼，派人去把宓子拐彎抹角的罵了一頓。

宓子生氣的皺著眉頭說：「今年沒有收到麥子，明年可以再種。如果讓不耕種的人趁機獲得糧食，就會使他們越發希望有敵人入侵。單父一年的小麥能否收到，並不影響魯國的強弱，如果使老百姓有了僥倖獲取的心理，世風壞了，對魯國所帶來的損害幾代人都恢復不過來。」

季孫氏聽了十分慚愧，他說：「如果入地有門，我難道還有臉去見宓子嗎？」宓子的做法對於解救危難似乎有點迂腐，但對於維持國家的長治久安則關係甚大。

【這段對話的關鍵是什麼？】

像宓子這樣，有了長遠和總體的把握，就如多了一隻眼睛。這隻眼睛長在身外，高屋建瓴，從上往下俯視。這樣，每當遇到問題的時候，能看到自己，也看到對方；看到事件之內，也看到事件之外；看到現在，也看到過去將來。因此能做出英明的決策。

當然，我們並不是說因此就否定心細之人，心細之人也常能細緻入微的進行工作和觀察，對於涉及精細事務更為適合，但是我們強調的是：心細之人通常洞察力過於高超，未必能帶來好的結果，因為這種人容易從小的地方觀察入微，有時反而會忽略了大的問題。

所以，綜合看來，要在保持長遠發展眼光、顧全大局的前提下，在細緻的開展工作，這才是正確的做事態度。

庖丁解牛　進退有餘

做事心要細，猶如來下棋，步步來思量，進退有餘地。

在歷史上，曾國藩是一位複雜而且具備多元影響的人物。對他褒獎的人把他捧得比天還高，貶斥他的人又把他看得一文不值。曾國藩一生歷盡周折，最終走出湘江大地，成為中興名臣。他遊刃有餘的駕馭著各種權利，最終取得了成功。因此，後世有人稱他是「做事兼傳教之人」。

曾國藩帶湘軍圍剿太平天國之時，清廷對其是一種極為複雜的態度：不用他吧，太平天國聲勢浩大，無人能敵；用吧，一則是漢人手握重兵，二則湘軍是曾國藩一手建立的子弟兵，又怕對朝廷形成威脅。

在這種指導思想下，清廷對曾國藩的任用上經常是用你做事，不給高位實權。苦惱的曾國藩急需朝中重臣為自己撐腰說話，以消除清廷的疑慮。忽一日，曾國藩在軍中得到胡林翼傳來的肅順的密函，得知這位精明幹練的顧命大臣在西太后面前舉薦自己出任兩江總督。曾國藩大喜過望，咸豐帝剛去世，太子年幼，顧命大臣雖說有數人之多，但實際上是肅順獨攬權柄，有他為自己說話，再好不過了。

曾國藩提筆想給肅順寫封信表示感謝。但寫了幾句，他就停下了。他知道肅順為人剛愎自用，目空一切。而慈禧太后，這個女人也絕非常人，她心志極高，且權力欲強，又極富心機。肅順這種專權的做法能持續多久呢？慈禧太后會同肅順合得來嗎？思前想後，曾國藩沒有寫這封信。後來，肅順被西太后抄家問斬。在眾多官員討好肅順的信件中，獨無曾國藩的隻言片語。

曾國藩打敗太平天國之後，在每件事情的處理上稱得上是小心翼翼，留有餘地。由於曾國藩的湘軍搶劫吞沒了很多太平軍的財物，使得金銀如海、百貨充盈的天京人財兩空，朝野官員議論紛紛，有人還上書彈劾。曾國藩既不想退出財物，也不能退出財物，在進京之後，忙辦了四件事：

第一，因怕權大壓主而交出了一部分權力；

第二，裁減四萬湘軍；

第三，因怕清廷懷疑南京的防務而建造旗兵營房，請旗兵駐防南京，併發全餉；

第四，蓋貢院，提拔江南士人。此四策一出，朝廷上下果然交口稱譽，再加上他有大功，清廷也不好追究什麼，反而顯示出了他的恭謹態度，深獲清廷的信任。

莊子說了一個「庖丁解牛」的故事：

一次魏王觀看庖丁殺牛，只聽到錚錚的刀碰擊骨頭的聲音，卻看不到用刀的痕跡，沒多久就把一頭牛分解完了，不禁感歎道：「真是神乎其技呀！」

庖丁放下刀對魏王說：「大王剛才看到的不是技術表演，而是道。我剛殺牛時，只見牛形，兩年後，不見牛形而只見其筋骨，如今我是用心感受，就算筋骨相連的地方，我也可以找對縫隙下刀。一般的廚師一個月換一把刀，高手一年中換一次刀。請看我這把刀，已用十年有餘，現仍如新的一樣。這是因為我懂得怎樣於筋骨之處找到下刀的餘地。薄薄的刀片可以遊刃有餘的切割，當然不會被損傷了。」

魏王聽了連連點頭。

【這段對話的關鍵是什麼?】

庖丁的不損之刀,得益於他能看清骨節間的餘地。在做事時,人們能像庖丁解牛那樣,充分掌握成功的餘地,就可以遊刃有餘的處理好各種事情。曾國藩絕對是這方面的「解牛」高手,他努力營造轉圜的餘地,使得朝廷在對他進行制裁的時候又不好意思對他整治,因此,曾國藩得以在更廣闊的空間按照自己的內心想法行事。

人生下來就有其自己獨特的個性,後因家庭背景、社會關係、個人知識、教養等諸因素影響,做事時常常表現出與他人意見的不同。對立的雙方各執己見,都不想低頭妥協、讓步,這樣問題就難以解決了。這時,最好的辦法就是把問題「掛起來」,暫不解決,等時機成熟時,再著手解決,這就是所謂的「餘地」術。會做事的人,總能營造迴旋的餘地。

小愚大明　難得糊塗

人生在世,不應對什麼事都斤斤計較,該糊塗時就糊塗,該聰明時就聰明,小事糊塗,不要小聰明,關鍵時刻,才表現出大智大謀。

沉默是金,大智若愚是智者的自保方式。無論才能有多高,要善於隱匿,即表面上看似沒有,實則充滿的境界。

現實人生確實有許多事不能太認真,太較勁。特別是涉及到人際關係,錯綜複雜,盤根錯節，太認真，不是扯著胳膊，就是動了筋骨，越搞越複雜，越攪越亂乎。順其自然，裝一次糊塗，不喪失原則和人格；或為了公眾為了長遠，哪怕暫時忍一忍，受點委屈，也值得，心中有數（樹），就不是荒山。有時候，事情逼到了那個份上，就玩一次智慧，表面上給他個「模糊數學」，讓他丈二金剛摸不著頭腦，也是「難得糊塗」。評職、晉級時，某候選人向你面授機宜，討你個「民意」，你明知道他不夠格，可又不好當面掃他的顏面，這時候你該怎麼辦？不哼不哈，或嘻嘻哈哈，劃「圈」時再認真，不失原則；人格哪，似乎也不失，當事人問到了，坦誠指出他不夠格的地方，不問，順其便。「糊塗法」是既可免去不必要的人事糾紛，又能保持人格純淨的妙方。

古代的道家和儒家都主張「大智若愚」，而且要「守愚」。愚並非真愚，大智若愚的人給人的印象是：虛懷若谷，寬厚敦和，不露鋒芒，甚至有點木訥。其實在「若愚」背後，隱含的是真正的智慧大聰明。大智若愚，這是兵家的計謀，也是處世的方略。

春秋時，齊國有位智者叫隰斯彌。當時當權的大夫是田成子，頗有竊國之志。一次，田成子邀他談話時，兩人一起登臨高臺瀏覽景色，東西北三面平野廣闊，風光盡收眼底，唯南面卻有一片隰斯彌家的樹林蓊蓊鬱鬱，擋住了他們的視線。

隰斯彌在談話結束後回到家裡，立即叫家僕帶上斧鋸去砍樹林。可是剛砍了幾棵，他又叫僕人停手，趕快回家。家人望著他感到莫名其妙，問他為什麼顛三倒四的？隰斯彌說：「國之野唯我家一片樹林突兀而列，從田成子的表情看，他是不會高興的，所以我回家來急急忙忙的想要砍掉。可是後來一轉念，當時田成子並沒有說過任何表示不滿的話，相反倒十分的籠絡我。

田成子是一個非常有心計的人，他正野心勃勃要竊取齊國立，很怕有比他高明的人看穿他的心思。在這種情況，我如果把樹砍了，就表明了我有知微察著的能力，那就會使他對我產生戒心。所以不砍樹，表明不知道他的心思，就算有小罪而可避害；而砍了樹，表明我能知人所不言，這個禍闖的可就太大啦！」

這是一種典型的自保之術，所謂「察見淵魚者不祥」是也。因此有時「事不關己，高高掛起」，它也自有其一定的合理性。尤其是作為有一定地位的領導者，對下屬如果採取令人自危的考察術，就必須審察有度。

唐太宗有一次為了審察手下的文官中是否有貪官汙吏，悄悄的叫心腹拿了國庫絹去試賄。有一個管宮門的官吏不知，受了一匹，立即被太宗抓起說要處死。於是裴矩就對太宗說，這種考察方法不義，是陷人於法。明明是你叫人去送給他的，反過來又說人家受賄，這不是用計害人嗎？這樣下去，將來還有誰敢上朝做官呢？太宗聽了，自感無言以對，於是召集文武，宣布自己的過錯，以安撫人心。

所以古人說：洞察以為明者，常因明而生暗，說的就是精於察人而產生的副作用，即

「好醜在心太明，則物不契，賢愚心太明，則人不親，士君子須是內精明而外渾厚，使好醜而得其平，賢愚共受其益，才是生成的德。」這也可說是古人在辯證法上的「活學活用」了。所謂「大智若愚」就可作如是觀吧。

【這段對話的關鍵是什麼？】

小事愚，大事明，對於人來說是一種很高的修養。所謂，並非自我欺騙，或自我麻醉，而是有意糊塗。該糊塗的時候，就不要顧忌自己的面子、自己的學識、自己的地位、自己的權勢，一定要糊塗；而該聰明、清醒的時候，則一定要聰明。由聰明而轉糊塗，由糊塗而轉聰明，則必左右逢源，不為煩惱所擾，不為人事所累，這樣你也必會有一個幸福、快樂、成功的人生。

糊塗處世，收斂智慧，讓人認為你無足輕重進而忽略你的存在，但在關鍵之時，不動聲色先發制人，使對方不知迷惑不解，這才是做事的高手所為。

人一生不應對什麼事都斤斤計較，該糊塗時糊塗，該聰明時聰明。有句成語「呂端大事不糊塗」，說的正是小事裝糊塗，不耍小聰明，而在關鍵時刻，才表現出大智大謀。

因勢利導　主動造勢

「因勢利導」法是指在一些局面危急的事件中，如果要贊成或反對某種觀點，應該時刻注意周圍群眾的情緒，盡量調動起群眾的情緒來支持自己的觀點。在不知不覺中，使對手感到精神壓力，使之無回擊之力。具體我們來看下面的例子。

在林肯當律師時，有一次，他得知朋友的兒子小阿姆斯壯被指控為謀財害命，已初步判定有罪。他以被告律師的資格，到法院查閱了全部案卷。知道全案的關鍵在於原告方面的一位證人福爾遜，因為他發誓說在十月十八日的月光下，清楚的目擊小阿姆斯壯用槍擊斃了死者。對此，林肯要求複審。

在這場精彩的複審中，有以下一段對話：

林肯問證人：你發誓說看清了小阿姆斯壯？

福爾遜：是的。

林肯：你在草堆後，小阿姆斯壯在大樹下，兩處相距二三十米，能認清嗎？

福爾遜：看得很清楚，因為月光很亮。

林肯：你肯定不是從衣著方面看清他的嗎？

福爾遜：不是的，我肯定看清了他的臉，因為月光照亮了他的臉。

林肯：你能肯定時間是在二十三點嗎？

福爾遜：充分肯定，因為我回屋看了時鐘，那時是二十三點十五分。

林肯問到這裡。就轉過身來。發表了一席驚人的談話：

「我不能不告訴大家。這個證人是一個徹頭徹尾的騙子。他一口咬定十月十八日晚上二十三點在月光下看清了被告的臉。請大家想想，十月十八日那天是上弦月，晚上二十三點月亮已經下山，哪裡還有月光？退一步說，也許他對時間記得不夠精細，時間稍有提前。但那時，月光是從西往東照，草堆在東，大樹在西，如果被告的臉面對草堆，臉上是不可能有月光的。」

聽了林肯合情合理的陳述，聽眾先是一陣沉默，緊接著掌聲、呼聲一齊迸發出來。福爾遜頓時傻了眼。

蕭伯納的劇本《武器與人》首次公演獲得巨大成功。許多觀眾在劇終時要求蕭伯納走上舞臺，接受觀眾的祝賀，蕭伯納走上舞臺，準備向觀眾致意時，突然有一個人對他大聲喊叫：「蕭伯納，你的劇本糟透了，誰要看！收回去，停演吧！」

觀眾們大吃一驚，大家以為蕭伯納一定會氣得渾身發抖，用高聲的抗議來回答這個人的挑釁。誰知道蕭伯納不生氣，反而笑容滿面的向那個人深深的鞠了一躬，彬彬有禮的說：「我的朋友，你說得好，我完全同意你的意見。」說著，他指著場內的其他觀眾說：

「但可惜的是，我們兩個人反對這麼多觀眾有什麼用呢？我們能禁止這劇本演出嗎？」兩句話，引起全場一陣響亮的笑聲，緊接著響起暴風驟雨般的熱烈掌聲。在掌聲中，那個故意挑釁的人灰溜溜的走出了劇場。

【這段對話的關鍵是什麼？】

問清當時的情形，講明道理以引導之，是做事的常理，林肯步步為營，一點一點的營造有利於自己求證的局面，最終得出了福爾遜在做偽證的事實。因此說運用因勢利導的方法，有時可以使複雜問題簡單化，為人們之間的溝通提供方便。

在第二個事例中，蕭伯納充分表現出了他的應變能力，把觀眾的力量借用過來，借助聽眾中的附和、喝彩、鼓掌聲，給自己以極大的支持，有力的反駁了那人的故意挑釁，把他引向群眾的對立面，從而站不住腳。

運用因勢利導的戰術，貴在主動造勢，以此營造一種有利於說服對方的局面，使對方進入自己設置的思維模式。

小事隱忍　大事精明

孔子說：「小不忍則亂大謀。」要做大事，須統觀全域，不可糾纏在小事之中，而擺脫不出。

春秋五霸之一的齊桓公則大膽的使用了這樣一個與自己有「仇」，但確實能輔佐自己的人——管仲。正是在春秋戰國時代，首先稱霸的是齊桓公，而齊桓公稱霸，全靠他的參謀管仲。

桓公名小白，原是齊國公子。管仲原本是小白之兄公子糾的師傅。齊國的君主僖公死後，各公子相互爭奪王位，到最後剩下公子小白與公子糾爭奪。管仲為了替公子糾爭王位，還曾用箭射傷公子小白。爭奪的結果是小白回到齊國繼承了王位，即齊桓公。幫助公子糾爭王位的魯國在與齊國交戰中大敗，只得求和。桓公要求魯國處死糾，並交出管仲。

消息傳出後，大家都同情管仲，因為被遣送到敵方去無疑是要被折磨致死。有人建議說：「管仲啊！與其厚著臉皮被送到敵方去，不如自己先自殺。」但是管仲只是一笑置之。他說：「如果要殺我，當該和主君一起被殺，如今還找我去，就不會殺我。」就這樣，管仲被押回齊國。

意外的是，桓公馬上任用管仲為宰相，這連管仲自己都沒有想到。

齊國統治山東半島一帶，從整個中原來看，只不過是東邊的一個小國。如何使這個小國登上天下霸主的地位，這是管仲日夜思索的問題。

他決心要先整頓「法制」，謀求中央集權的強國富民政策。人性本是趨吉避凶的，因而必須實行以法為基準、賞罰分明的政治，以達成嚴格的君民統治。而富足民生，拉攏人心更是成為明君之大道。此外，還需同時致力於遠播威名於四海的工作。這些思想不足是小國思想，也是稱霸天下的統治思想。

齊國與魯國相鄰，由於國界綿延相連，武力衝突不斷。齊桓公五年，齊國打敗魯國，魯國只得割讓自己一塊土地求和。魯王與將軍曹沫一起前往齊國談和。議談中，曹沫突然站起來舉起短劍抵在齊桓公胸前，以必死的眼光逼視著桓公說：「我魯國是個小國，如今由於大王的侵略，國土越發狹小，無論如何請齊王退回所奪去的土地。」

「我答應。」桓公只得聽命。

「那麼，就在這裡訂下歸還土地的盟約吧！」

由於短劍抵在桓公胸前，誰也不敢插手，於是簽訂了歸還土地的盟約。

桓公為了保命才歸還土地，並非真的要歸還，於是在魯王離去後，立即向群臣說：「盟約另行書寫，絕不讓出占領地，原有盟約無效。」此時管仲勸諫桓公道：「主君的心情我理解，但那樣做必定因小失大。輕易破壞既定的法則，失信於諸侯，將會失去天下最重要的後盾，千萬不要迷戀於這樣小的土地。」

桓公立刻冷靜下來，接受管仲的建議，收兵而返。這件事很快傳到鄰近諸侯的耳朵裡，大家傳頌齊王的果斷，更敬畏桓公的英勇，齊國的信譽大大提高了。

齊國北方的燕國受到異民族——山戎的攻打，因而求救於齊國。齊桓公出兵征討山戎，燕王為了感謝，親身把桓公送回齊國境內。這在當時是違反禮法的行為，因為越境送別只限於對待公子。桓公在自己與燕王之間挖了一道鴻溝，把燕王所到之齊地都給了燕國。桓公贈與燕王一部分領土，小小的恩惠卻得到很大的利益，諸侯聽說桓公所為，均歸順齊國，齊桓公霸業乃成。

「一年之計，如植穀。十年之計，如植樹。終身之計，如植人。」

「一分耕耘一分收穫是為穀，一分耕耘十分收穫是為權，一分耕耘百分收穫是人才。」

這是管仲留給後世的著作《管子》中的一節。

桓公在位四十三年，管仲在桓公死後兩年也去世，這期間管仲一直擔負著重大的責任。

「你無須負起任何責任，卻把你的理想透過我來實現，沒有性命之憂就實現了理想。但是能為天下做點事，也是應該無悔了。」管仲臨終時對最好的朋友鮑叔牙說。

「我感謝你所做的一切，因為你使我沒有性命之憂就實現了理想！」鮑叔牙如此回答。

因此，須知金無足赤，人無完人，我們要用的是一個人的才能，不是他的過失，那為什麼還總把眼光盯在那過失那邊呢？忍小節，就是不去糾纏小節、小問題，寬恕待人，用人之長。

《勸忍百箴》中認為：顧全大局的人，不拘泥於區區小節；要做大事的人，不追究一些細碎小事；觀賞大玉圭的人，不細考察它的小疵；得巨材的人，不為其上的蠹蛀而怏怏不樂。因為一點瑕疵就扔掉玉圭，就永遠也得不到完美的美玉；因為一點蠹蝕就扔掉木材，天下就沒有完美的良材。

【這段對話的關鍵是什麼？】

鮑叔牙不因為管仲貪小財而看不起他，知道他是一個有大才幹的人，而齊桓公也是要用人治國，不計較他曾射了自己一箭的小仇。正是這樣，管仲才發揮了他的才能，齊國也得到了治理，成為強國。

如果只是一味的考慮這個人的小毛病，那麼這世界上哪有完人呢？用人就是要用他的大才幹，不可糾纏於小過失，否則天下就沒有真正的能人可用了。

處理事情的時候，一味的強調細枝末節，以偏概全，就會抓不住要害問題去做工作，沒有重點，頭緒雜亂，不知道從哪裡下手才是正確的。因此無論是用人還是做事，都應注重主流，不要因為一點小事而妨礙了事業的發展。

風趣幽默　大事化小

法國作家阿蘭在論述把快樂的智慧用於和煩惱做各種各樣的鬥爭時說：煩惱是我們患

的一種精神上的近視症，應該向遠處看，保持積極樂觀的心態，這樣我們的腳步就會更加堅定，內心也就更加泰然。

約翰．洛克菲勒是世界有名的富翁，但是，他在日常開支方面卻很節約。一天，他到紐約一家旅館投宿，要求租一間最廉價的房間。

旅館的經理說：「你為什麼選擇這麼廉價的小房間呢？你的兒子來住宿時，總是選擇最貴的房間。」

「沒錯，」洛克菲勒說，「我兒子的父親是百萬富翁，我的父親卻不是。」

洛克菲勒就是這樣，以幽默來對待生活中發生在自己身邊的事。在生活中，如果人們能常以幽默來對待各種事情，如在寒冷、炎熱、潮濕的令人難熬的日子裡，說上幾句逗人開懷的笑話，肯定能振作大家的精神。

生活是豐富多彩的，只要我們的想像力和創造力不被一些框框所束縛，就能借幽默的力量，給生活注入興奮劑。

法國哲學家伏爾泰有一個很忠實的小僕人，可他有點懶惰。

一天，伏爾泰對他說：「儒塞夫，去把我的鞋拿來。」小僕人趕忙殷勤的把鞋拿來了。伏爾泰一看驚呆了：鞋上仍然布滿著昨天出門時沾的泥跡塵埃！他問道：「你怎麼早晨忘記把它擦乾淨？」

「用不著，先生。」儒塞夫平靜的回覆，「路上盡是泥濘汙濁，兩小時以後，您的鞋不又要和現在一樣髒嗎？」

伏爾泰微笑著走出門。小僕人在他身後跑步追了上來：「先生慢走！鑰匙呢？」

「鑰匙？」

「對，食物櫃上的鑰匙。我還要吃午餐呢。」

「我的朋友，吃什麼午餐呢，兩小時以後你也將和現在一樣餓嘛！」

【這段對話的關鍵是什麼？】

僕人對主人服務不周，當然會引起主人的不快，主人往往會訓斥僕人。然而，伏爾泰卻以微笑和幽默對待此事，將不愉快之事變為輕鬆，而且使僕人在笑聲中得到教育。伏爾泰真可稱得上是幽默家。

將事情化小，確實是日常生活中運用幽默力量的好方法。面對生活中可能引起麻煩的事情，我們借助於幽默，共同歡笑一場，就能把這麻煩放到適當的位置而不至於過度憂慮和不悅。以輕鬆的態度對待麻煩，共用歡樂會使麻煩同整個生活相比之下變得不那麼重要。

用笑去面對日常生活中足可引起我們不愉快的小事，不快的負面心理情緒就會隨之消散。借助幽默，你可以把瑣碎的問題擺在適當的位置上，它與你的整個生活相比之下就顯得很小了。

小恩小惠　終得善報

許多仁人志士甘願在名譽上受到玷汙，而成就更大的事業。諺語說：「立名難而壞名易。」好名聲的建立是很難的，而破壞名聲只在一時一事之中。所以名節上的損失絕非易事，勇於犧牲名節，必定是為了更大的目的。這就是在顧全大局，對於這個大局來說，例如象棋，名節就是卒，為了保全大局這個車，捨卒是不可避免的。

春秋末年，齊國的國君荒淫無道，橫徵暴斂，逼取於民以至無度。齊國的貴族田成子看到這種情況後，對他的僚屬說：「公室用這種榨取的手段，雖然得到了不少財富，但這種取是取之猶捨也。」倉儲雖實，但國家不固，終是「嫁衣」。於是田成子製作了大、小兩種斗，大開自己的倉儲接待飢民，用大斗借出穀米，用小斗回收還來的谷米，「予民於惠」。於是齊國人民不肯再為公室種田效力而投奔於田成子門下，一時「民歸之如流水」。

田成子用這種大鬥出小鬥進的方式，借出的是糧食，收進的是民心，貌似給予，實則得到。果然，齊國的國君寶座最後為田氏家族所得。

得與失的互為轉化之效果，有時也並不是馬上就可以見到的，但懂得其中奧妙的人，會掌握取捨的主動權，讓它發揮出意想不到的效果。

戰國時，齊國的孟嘗君是一個以養士出名的相國。由於他待士真誠，感動了一個具有真才實學而十分落魄的士人，名叫馮諼。馮諼在受到孟嘗君的禮遇後，決心為他效力。一次孟嘗君要叫人為他到其封地薛邑討債，問誰肯去？馮諼說我願意去，但不知用催討回來的錢買什麼東西？孟嘗君說就買點我們家沒有的東西吧！馮諼領命而去。

馮諼到了薛邑後，馮諼見到老百姓的生活十分的窮困，尤其是聽說孟嘗君的討債使者來了，均嘖嘖有怨言。於是，馮諼召集了邑中居民，對大家說：「孟嘗君知道大家生活困難，這次特意派我來告訴大家，以前的欠債一律作廢，利息也不用償還了，孟嘗君叫我把債券也帶來了，今天當著大夥的面，我把它燒毀了，從今往後，再不催還！」

說著，馮諼果真點起一把火，把債券都燒毀。薛邑的百姓沒有料到孟嘗君是如此仁義，一個個感激涕零。馮諼回來後，孟嘗君問他討的利錢呢？馮諼回答說：不但利錢沒討回，借貸的債券也燒了。孟嘗君大不高興，馮諼對他說：您不是叫我買家中沒有的東西回來嗎？我已經給您買回來了，這就是「義」。焚券市義，這對您收歸民心是大有好處的啊！

果然，數年後，孟嘗君被人譖讒，齊相不保，只好回自己的封地薛邑。薛邑的百姓聽說恩公孟嘗君回來了，全城出動，夾道歡迎，表示堅決擁護他，跟著他走。孟嘗君至為感動，這時才體會到馮諼的「市義」苦心。這就叫「好與者，必多取」，小的損失可以換取大的利益。

【這段對話的關鍵是什麼?】

「愛出者愛反,福往者福來」,人世間的事情,有了付出才有回報,沒有無回報的付出,也沒有無付出的回報。付出越多,得到的回報越大。只想別人給予自己,那麼「得到」的源泉終將枯竭。

我們做人處世都應控制貪欲。欲望是沒有止境的,如果你不放棄一些東西,你的身上和心靈一定越來越沉重,快樂就真的離去了。這就要求我們要做到顧全大局,就必須臨危不亂,關鍵時刻不能患得患失於小利小益,要善於分清眼前利益,能夠捨卒保車,為了更大、更長遠的利益捨棄眼前的利益。在相對小的利益面前裝糊塗、不動心,是每一位渴望大成功的人所必備的素養。

深謀遠慮　出奇制勝

要具有靈活掌控事情的能力,就必須具備做事出奇制勝的頭腦。

很久以前,有個猶太商人,他把獨生子送到耶路撒冷去讀書。不久這個猶太商人突然病倒了,在彌留之際,他立下遺囑,把家中所有財產都轉讓給了長期服侍自己的貼身奴隸。不過如果他的兒子要財產中的哪一件,奴隸須毫無條件的滿足他。商人死了以後,奴隸很高興。他披星戴月趕往耶路撒冷,找到少主人,把老爺臨死前立下的遺囑拿給他看,商人的兒子看了以後十分傷心。

安葬好父親後，兒子一直在心裡盤算自己應該怎麼辦。最後，他跑去找社團中的拉比，向他說明了情況。拉比聽了以後說：「你的父親非常聰明，而且非常愛你。」兒子不滿的說：「把財產全部送給奴隸的人還談得上什麼聰明，簡直是愚蠢。」

拉比叫這位少主人多動動腦子，只要想通了父親希望他要的東西是什麼。拉比告訴他：「你父親非常清楚，自己死了後，身邊沒有一個親人，奴隸可能會帶著自己辛苦賺來的遺產逃走，說不定連招呼都不打。所以，你父親才在你不在身邊的情況下使用了這種把全部遺產保護下來的辦法。」可是，商人的兒子還是無法明白，既然都送給奴隸了，保管得再好，對他又有什麼好處。

拉比見他死不開竅，只好實話實說：「奴隸的財產全部屬於主人，這你是應該知道的。你父親不是給你留下了一樣財產嗎？你只要選那個奴隸就行了。這是多麼精明的想法呀！」

年輕人終於明白了父親的用心良苦。原來，父親使用了一個權宜之計，遺囑中所給予奴隸的一切用一個「但是」作為前提，把奴隸美好的一切都變成了夢幻泡影。這個「但是」是這個猶太商人所立遺囑的關鍵。說穿了，猶太商人在立遺囑時就設下了計謀讓它無效，在立約時就準備要毀約，因為他當時面臨的是「要麼讓步，要麼徹底失去」這種無可奈何的選擇，所以他只能選擇讓步，把全部財產讓給奴隸，使奴隸不至於帶著財產逃走。這種讓步是他心有不甘的，把財產全部給奴隸，和奴隸帶著財產逃走是一回事。為了解決這個難題，聰明的猶太商人給遺囑裝進了一個自爆裝置，兒子只要找到這個裝置，就可以在履約的形式下取得毀約的效果。

果然，在拉比的開導下，兒子真的啟動了這個自爆裝置，嚴肅的遺囑在形式上得到了履行，而對那個奴隸來說，沒有任何的意義。這就是出奇制勝。

【這段對話的關鍵是什麼？】

人生沒有太多的時間讓我們猶豫，凡事先行動了再說。唯有從行動的步伐中，我們才能不斷發現影響事情發展的先決條件。

出奇制勝是敏銳的洞察力以及在緊急時刻快速反應能力的綜合產物。有人曾經說過，所有成功的祕密就在於對你身邊的一切保持高度關注，調整自己以適應周圍的環境；意識到時機資源的寶貴，在適當的時間裡辨別人想辨的事，說別人想說的話。

如此，我們才能正確無誤的抵達夢想的終點。

能屈能伸　輕鬆做人

有哲人說：「完美本是毒。」事事追求完美是一件痛苦的事情，它就像是毒害你自在心靈的藥餌。因為這個世界本來就是不完美的，過去不是，現在不是、未來也不是，它本來就是以「缺陷」的樣式呈現給我們的。人如果事事追求完美，那無疑是自討苦吃。因此，一個人應學會能屈能伸的面對人情世故，這樣才能達到輕鬆做人的目的。

要受得住委屈，方能保全自己；經得起冤屈，事理才能得到伸直；低窪反能盈滿，凋敝反得新生；少取反而多得，貪多反而痴迷。要在危難中保全自己，必須懂得這個道理。這就是能曲的含義，說到底就是以一種近於殘忍的狠勁對待自己。因為唯有如此，才能積蓄得下力量，不至於一下子就被人消滅。

楚漢爭霸時，季布曾是項羽麾下戰將，有一次追擊劉邦，差點殺了劉邦。後來劉邦得了天下，最恨的就是季布，懸重賞通緝他，同時下令，誰敢藏匿他就誅滅九族。

季布無處藏身，只好剃成光頭東躲西藏，最後還賣身為奴，才得以自保。

有人會說，一個真正的英雄壯士，窮途末路，一死了之算了。像季布這樣的壯士，一反昔日剛勇豪邁的氣概，窩窩囊囊的亡命天涯，這又是何苦呢？

其實季布自有季布的理由。在劉、項爭雄的時候，以西楚霸王項羽那樣「力拔山兮」的氣概，季布仍然能在楚軍中以武勇揚名楚國。每次戰役都身先士卒，率領部隊衝鋒陷陣，多少次衝入敵軍奪旗斬將，稱得上是真正的壯士。

可是等到項羽失敗，劉邦下令通緝他，要抓他殺他的時候，他又甘心為奴而不自殺，顯得多麼下賤，一點志氣都沒有。季布為什麼要這麼做呢？因為他堅信自己是個了不起的人才，只是投錯了胎，走錯了路，所以受盡了屈辱但不以為恥，盼望有機會能施展自己還沒有充分發揮的潛能，所以最終成了漢代的名將。從他的所作所為，可以窺測出他的志氣、抱負，他覺得為項羽而死太不值得，因此才那樣忍辱負重，委曲求全。

只要還有一線東山再起的希望，即便敗得再慘也不會自殺的，他們寧願被俘虜，落到坐大獄、受刑戮的地步，而且至死也不甘心。

【這段對話的關鍵是什麼？】

一個有見識、有素養、有氣魄的英雄，並不像愚夫愚婦一樣，心胸狹隘，為了一點小事，就氣得尋死上吊。這並不是有勇氣的表現，而是計窮力竭，覺得沒有辦法挽回局面，走到絕路上了，所以才去自殺。而胸懷大志的人，固然把死看得很輕，不怕死，但要看值不值得去死。

因為他們的智慧超過常人，他們唯一憂懼的是此身不保，只要留得青山在，抓到了權力，就會實現他的理想，讓天下來個天翻地覆，所以他們寧願做囚犯也不想死。這些英雄豪傑，只想如何建功立業，為此受什麼委屈都在所不惜。

如何打動對方→情緒定律

自然界是個有條不紊、有規律運行的有身體。只要正常運轉，一切都會秩序井然，按部就班。就像一臺電腦、一架飛機、一臺機器，如果操作正常，控制良好，就能發揮他們的正常作用。

人的情緒也如一架機器一樣，一旦失控，就不能正常運轉，而對於做事主體的人，如何把握自己及對方的情緒則成為事情成敗的關鍵。

反向心理　歪打正著

有些時候做事能利用對方的對立思想情緒，有意識的反過來說，反過來做，使對方與你唱反調，也能達到自己的預期目的。

明朝時，有個叫楊庵的人，中了狀元為官後執法無情，剛直不阿，因此得罪了不少人。他還屢次上書直諫，因而又得罪了皇帝。在奸臣的挑撥下，皇上非常震怒，準備對楊庵治罪，把他充軍到玉門關外。楊庵知道皇帝和一幫奸臣欲置自己於死地，便對皇帝說：「臣之罪，罪該萬死，皇上要將我充軍，這是對微臣的寬恕，不過請陛下答應我一個小小的請求。」「你有什麼請求？」皇帝問。「寧去關外三千里，不去雲南碧雞關。皇上有所不知，那碧雞關蚊子四兩重，跳蚤有半斤，您切莫把我充軍到那裡。」皇帝沉吟不語，揮手讓楊庵趕快登程。他心想，哼！你不想去碧雞關，我偏要你去，讓你嘗嘗四兩大的蚊子和半斤重的跳蚤咬人的滋味。楊庵剛一出關，皇帝就傳下聖旨，把他們發配到雲南充軍。

楊庵知道皇上不會饒恕他，發配充軍已不能倖免。一幫奸臣更是落井下石，欲置之死地而後快。如果從正面請求，其結果會完全相反，碧雞關離楊庵的家鄉很近，楊庵想回到離家鄉較近的雲南，他知道皇上和一幫奸臣會和他唱反調，你請求向東，他偏讓你向西，而自己又無法與之抗衡，於是楊庵就利用對方的反向心理，提出與自己意願相反的請求，結果歪打正著，遂了自己的心願。

【這段對話的關鍵是什麼？】

「狡猾」的王揖唐利用章太炎的反向心理達到了預期目的。

當我們用一定的準則和規範對人們的行為進行引導與控制時，當我們對偏離目標的行為進行約束時，人們會產生一種內發的反向力量，使之更偏離正確目標的軌道。

在做事過程中，因雙方思想情緒的對立，你要他向東，他偏要向西；你從正面說理，他偏要反面理解。這種心理狀況構成一種抗體，阻礙我們對別人的行為進行有效控制。

有時我們與人做事時，如果從正面不能與其達成一致，那麼我們就可以從事情的反面入手，利用對方的反向心理和負面情緒也能達到我們做事預想的效果。

不卑不亢　專心做事

自卑是害人的毒藥，甚至是殺人的利器。據統計，世上有百分之九十二的人是因為對自己信心不足，而不能走出生存的困境。這種人像一棵脆弱的小草一樣，毫無信心去經歷風雨。這就是說，缺乏自信，而在自卑的陷阱中走不過去是這些人最大的心態病，自然就會導致失敗。如果不能從自卑中掙脫出來，那麼就成不了一個能克服消極心態的人。

自卑感較強的人，常常透過犧牲自己的權力而讓旁人來證實自己。自卑感的產生，往往並非認識上的差異，而是感覺上的差異。其根源就是人們不喜歡用現實的標準或尺度來衡量自己，而是相信或假定自己應該達到某種標準或尺度。像「我應該如此這般」、「我應該像某種人一樣」等這樣的想法。這種追求只會滋生更多的煩惱和挫折，使自己更加憂鬱和自責。

實際上，你自己就是你自己，不必「像」別人，也無法「像」別人，更沒有別人要求你「像」。因此，要想不被周圍的環境所俘虜，走出自卑，就需要敢於面對挑戰，去迎接它、戰勝它、超越它。

球王貝利的名聲早已為世界眾多足球迷所稱道，但如果說，這位大名鼎鼎的超級球星曾是一個自卑的膽小鬼，許多人肯定會覺得不可思議。

多年以前的貝利可一點也不瀟灑，當他得知自己已入選巴西最有名氣的桑托斯足球隊時，竟然緊張得一夜未眠。他翻來覆去的想著：「那些著名球星們會笑話我嗎？萬一發生那樣尷尬的情形，我有臉回來見家人和朋友嗎？」他甚至還無端猜測：「即使那些大球星願意與我踢球，也不過是想用他們絕妙的球技，來反襯我的笨拙和愚昧。如果他們在球場上把我當作戲弄的對象，然後把我當白痴似的打發回家，我該怎麼辦？怎麼辦？」

一種前所未有的懷疑和恐懼使貝利寢食難安，他是同儕中的佼佼者，但憂慮和自卑，卻使他情願沉浸於希望，也不敢真正邁進渴求已久的現實。真是不可思議，後來在世界足壇上叱吒風雲，稱雄多年，以銳不可當的勇氣踢進了一千多個球的一代球王貝利，當初竟是一個優柔寡斷、心理素養非常脆弱的自卑者。

貝利終於身不由己的來到了桑托斯足球隊，那種緊張和恐懼的心情，簡直沒辦法形容。「正式練球開始了，我已嚇得幾乎快要癱瘓。」他就是這樣走進一支著名球隊的。

原以為剛進球隊只不過練練盤球、傳球什麼的，然後便肯定會當板凳隊員。哪知第一次，教練就讓他上場，還讓他踢主力中鋒。緊張的貝利半天沒回過神來，雙腿像長在別人身上似的，每次球滾到他身邊，他都好像是看見別人的拳頭向他擊來。

在這樣的情況下，他幾乎是被硬逼著上場的，而當他一旦邁開雙腿便不顧一切的在場上奔跑起來時，他便漸漸忘了是跟誰在踢球，甚至連自己的存在也忘了，只是習慣性的接球、盤球和傳球。在快要結束訓練時，他已經忘了桑托斯球隊，而以為又是在故鄉的球場上練球了……

事實上，貝利之所以會產生緊張和自卑，完全是因為把自己看得太重。一心只顧慮別人將如何看待自己，而且還是以極苛刻的標準為衡量尺度。這又怎能不導致怯懦和自卑呢？極度的壓抑會淹沒本身所具有的活力和天賦。那些使他深感畏懼的足球明星們，其實並沒有一個人輕視他，而且對他相當友善。

【這段對話的關鍵是什麼？】

透過忘掉自我，專注於足球，保持一種泰然自若的心態，正是貝利克服緊張情緒，戰勝自卑心理的法寶。這樣的方法對於我們也同樣適用。

自卑是一種消極自我評價心態，認為自己在某些方面不如他人而產生消極情感，是一種危機心態。

一個人若被自卑感所控制，其精神生活將會受到嚴重的束縛，聰明才智和創造力也會因此受到影響而無法正常發揮作用。所以，自卑是束縛創造力的一條繩索。

與人做事，不要自己看不起自己！自卑是一種主觀的體驗，自認為自己不行，實際上並不是真的不行。只要你不把事情看得太重，相信自己能夠成功，就盡力去做吧。

善用激將　引導情緒

與人做事，善於激將，只要使用恰到好處，適時適度，效果是妙不可言的。

張儀因久不得志，窮困潦倒，一日到蘇秦府上拜見蘇秦。好幾天後，蘇秦才出來見他，並只讓他坐在家僕們坐的堂下，僅賜給僕妾們吃的飯食，而且還幾次故意責備張儀，說他窮酸，不想和他打交道。張儀聽後氣憤不已，離開了蘇秦，前往秦國。

在張儀去秦國的途中，卻有一個素不相識的人與他結伴同行，送給他許多金錢。張儀到達秦國後，依靠陌生人資助的錢財得以拜見了秦惠王，並很快被秦惠王拜為客卿。這時，那位同伴向張儀告辭要走了，張儀問其緣由，那人說：「我並不了解你，真正了解和關心你的是蘇君（即蘇秦）。他當時擔心秦國伐趙而使合縱抗秦的計畫破產，認為只有你才有能力去左右秦國的國策，所以他當時用語言刺激你，使你來到秦國。而後又私下派我跟著並接近你，供你給用。現在你已被秦王聘用，我就算完成了任務，該回去告訴蘇君了。」張儀聽後大為感慨。張儀後來憑他的智慧和才能，說服秦王，使秦軍十五年未越函谷關一步，為蘇秦合縱之策贏得了很高的聲譽。

激將法中的直接刺激方法最為有效。這種方法透過故意貶低對方看不起他，說他不行，藉以激起對方求勝的欲望，也能使其超水準發揮自己的能力，從而達到我們的目的。

當馬超領兵攻打葭萌關時，諸葛亮告訴劉備，只有張飛、趙雲二人是馬超的對手。劉備建議讓張飛去迎戰。諸葛亮說：「主公先別說話，讓我去激激翼德。」

果然，張飛主動請纓去迎戰馬超，諸葛亮卻假裝沒有聽見，只是對劉備說：「馬超智勇雙全，無人能敵，除非往荊州喚雲長來，方能對敵。」

張飛頓時惱怒的大叫：「軍師為何小瞧我？我曾經一人獨對曹操百萬大軍，難道還畏懼馬超這個匹夫？」

諸葛亮笑著說：「你在當陽拒水斷橋，是因為曹操不知虛實，他若知道虛實，你豈能占到便宜？馬超英勇無比，他渭橋之戰差點殺了曹操，我看就是雲長來了也未必能勝得了他。」

張飛說：「我現在就去取馬超項上人頭，如若不勝，甘當軍令。」

諸葛亮見激將法起了作用，便順水推舟的點頭答應了。張飛得令，與馬超在葭萌關下酣戰了二百多個回合，當時雖未決出勝負，卻使馬超產生敬畏之心，幾天後，率眾歸順了劉備。

激將法的還有一種形式，就是間接刺激的方法。它以張揚、稱讚他人他物的方式，間接貶低對方，以激發對方壓倒、超過第三者的決心，從而為我所用。

曹操北定中原，舉兵南下時，劉備派諸葛亮去吳國拜見孫權，遊說吳國與蜀國兩家合力抗魏，諸葛亮深知，如果直接要求吳蜀聯兵，一定使孫權以為劉備有求於他，事情會不好辦。最好的方法是用激將法激他。

諸葛亮在柴桑見到孫權後，說：「我看曹操兵多勢眾，東吳彈丸之地不是對手，將軍何不向曹操投降稱臣，以求暫時的安寧？」孫權聽了很不高興，反問諸葛亮，為什麼劉備不向曹操投降稱臣？諸葛亮回答道：「古代的田橫僅僅是齊的壯士，尚能守義不辱，何況我主是帝王之後，蓋世英才，豈能屈居奸賊屋簷之下？」諸葛亮這一招果然管用，孫權最終同意孫劉聯盟，共抗曹操。而諸葛亮也就此圓滿完成了出使江東的使命。

激將法的精妙之處在於：它能激起某人對某種事物的極端情緒，從而使他義無反顧的去成就某事。這是一種精妙絕倫的做事方法。

【這段對話的關鍵是什麼？】

與人做事，在方法上絕不可死套一個模式，應該隨著做事的對象及其思想的變化而變化。有些方法，適合於某人某事，但不一定適合於所有的人所有的事，對有些人，只要動之以情，曉之以理，以誠相待，就能打動他；但在同樣情況下，另外一些人可能「敬酒不吃吃罰酒」，你磨破嘴皮，他就是不答應你的請求，此刻如果你改變策略，突然給他一個強烈的反刺激，用超常的手段去激勵他，說不定「柳暗花明又一村」。

稍安勿躁　克己服人

要懂得，憤怒容易壞事，還容易傷身，人在強烈憤怒時，惡劣情緒會致使內分泌發生強烈變化，這些大量的荷爾蒙或其他化學物會對人體造成極大的危害。輕易的發怒，這在大多情況下不但沒有解決問題，反而激化了衝突，得不償失。

培根說：「憤怒，就像地雷，碰到任何東西都一同毀滅。」如果你不注意培養自己忍耐、心平氣和的性情，一旦碰到「導火線」就暴跳如雷，情緒失控，就會把好事情全都炸掉。

所以，當別人對你的缺點提出批評甚至指責時，當你和朋友為某件小事「鬥嘴」時，當你一時感到生活壓抑時，你一定要學會克制自己的憤怒，讓你的大腦「冷卻」下來，讓你胸中的「驚濤駭浪」平靜下來，把你的粗嗓門壓下來，把你要伸出的拳頭收回來……

人人都有不易控制自己情緒的弱點，但人並非註定要成為情緒的奴隸或喜怒無常的心情的犧牲品。學會怎樣清除破壞我們舒適、幸福的生活和阻礙我們成功的情緒敵人，是一門最精深的藝術。

情緒是內心深處的一種思想情感，但它卻往往會被外界的事務所控制，並隨之搖擺不定。如果你能夠駕馭自己的情緒，你未來的人生就會是一片美好的前程。

約翰到一個海上油田鑽井隊求職。領班要求他在限定的時間內登上幾十米高的鑽井架，把一個包裝好的漂亮盒子送到最頂層的主管手裡。他拿著盒子快步登上高高的狹窄的舷梯，氣喘吁吁滿頭是汗的登上頂層，把盒子交給主管。主管只在上面簽下自己的名字，就讓他送回去。他又快跑下舷梯，把盒子交給領班，領班也同樣在上面簽下自己的名字，讓他再送給主管。

當他第三次把盒子遞給主管的時候，主管看著他，傲慢的說：「把盒子打開。」他撕開外面的包裝紙，打開盒子，裡面是兩個玻璃罐，一罐咖啡，一罐奶精。他憤怒的抬起頭，雙眼噴著怒火，射向主管。

主管又對他說：「把咖啡沖上。」年輕人再也忍不住了，「叭」的一下把盒子扔在地上：「我不做了！」說完他往下看看扔在地上的盒子，感到心裡痛快了許多，剛才的憤怒全釋放了出來。這時，這位傲慢的主管直視他說：「剛才讓你做的這些叫做承受極限訓練，因為我們的海上作業，隨時會遇到危險，就要求隊員身上一定要有極強的承受力，可惜，前面三次你都透過了，只差最後一點點，你沒有喝到自己沖的甜咖啡。現在，你可以走了。」

遇到別人對你發火時，你不能見火就衝動起來，這樣只會火上澆油，結果不會太好。

一天早上，一位怒氣衝衝的顧客衝進迪特毛料公司創始人迪特的辦公室。他是為了一百五十美元而專程從外地到這來的。事情的起因是，這位顧客因為購買迪特公司的西裝毛料，欠了該公司一百五十美元。公司信託部門給他寫了幾封信催促他把帳結了，可是他卻忘了這筆欠款，而且認為是公司弄錯了。於是便收拾行李來到芝加哥，要弄個清楚。他說他不但不出這筆錢，而且一輩子再也不買迪特公司任何東西。

迪特耐心和氣的聽著顧客的牢騷，直到客人說完，他才平靜的說：「我要謝謝你到芝加哥來告訴我這件事。你幫了我一個大忙，因為如果我們的信託部門給你增添了麻煩，他們也就同樣可能干擾了別的顧客，那就太不幸了。相信我，我比你更想聽到你所告訴我的。」

迪特接著說，「你是一位十分仔細的人，只有一份帳目，不大可能出錯。而公司職員要管幾千份帳目，應該容易出錯。請放心，這筆帳將就此消除。既然不再買我們的毛料，那麼，我就向你推薦別的毛料公司。」

迪特還和以前一樣，請顧客共進午餐。顧客不好意思的接受了。吃完以後，回到辦公室，顧客出人意料的和迪特簽訂了一個很大數量的訂貨單。

事情結束了。雙方都感到很愉快。可是不久，迪特意外的收到了一張一百五十美元的支票還有一封致歉信。原來，那位顧客回家後又重新看了帳單，發現有一張放錯了地方而把它忘記了。

後來，這位顧客和妻子生了一個男孩子，還把孩子叫做「迪特」。從這時開始直到這位顧客二十二年後去世，他一直是迪特公司的顧客和朋友。

【這段對話的關鍵是什麼?】

常言道:忍一忍,風平浪靜;退一步,海闊天空,要多吸收故事中主人公的經驗,不必為一些小事而斤斤計較。

我們不提倡無原則的讓步,但有些事不必要那樣「火上澆油」,那只會使事情更糟,只會破壞你跟別人的感情。假如你發起脾氣來,對人家發作一陣,你固然非常痛快的發洩了你的情緒。但那個人怎樣?他能分擔你的發洩嗎?你的爭鬥的聲調、仇視的態度,能使他容易同意於你嗎?

想發怒的時候要盡量克制自己!你不要動不動便怒不可遏,而應當平靜的處理問題。如果你曉得發怒會損害自己的利益和健康,那麼最好約束一下自己。

心理暗示　迫其自保

如果問人家:「你最喜歡什麼顏色?」答案當然各有不同。但是如果事先告訴他:「今年流行綠色。」那麼即使是喜歡「紅色」或「咖啡色」的人,也有可能會轉而喜歡「綠色」了。

今年流行綠色。這句話就是一種「提前暗示」。尤其對那些沒有明確想法的人,要讓他們順從自己,「提前暗示」是極其有力的武器。

美國前總統華盛頓有一匹好馬,這匹馬渾身毛色發亮,體態健壯,聲音洪亮,行走矯健，華盛頓十分喜歡這匹馬。有一次，他發現自己的馬在臨近的一家農場的馬棚裡，很明顯是這個農場主偷了他心愛的馬。他叫來了員警，告訴員警，這匹馬是自己被偷的那匹。但是，這家農場主卻不承認這匹馬是偷的，一口咬定是自己的馬。顯然，偷馬的農場主不可能自願的歸還這匹馬。

華盛頓走到這匹馬的跟前，用手遮住了馬的雙眼，對農場主說：「如果這是你的馬，你一定知道這匹馬的哪一隻眼睛是瞎的？」農場主幾乎來不及想，一聽說這馬有一隻眼睛是瞎的，忙說是右邊的一隻眼睛瞎了。華盛頓拿起遮在右眼上的手，示意員警看看牠是否是瞎的，員警一看，眼睛完全正常。這位農場主著急起來，忙說，馬的左眼是瞎的，剛才是我一急說錯了。華盛頓又拿起了自己的左手，把馬的左眼給員警看，員警一看馬的左眼也沒有瞎，農場主又急忙說，我又說錯了。偷馬的農場主還想填補自己的漏洞，但是員警卻說話了：「剛才的問題表明這匹馬的主人不是你，這匹馬是你偷來的，華盛頓先生才是真正的主人，你必須立即還給華盛頓先生。」

這位農場主只得紅著臉把馬還給了華盛頓。

處理這件事表現了華盛頓很高的智慧。這匹馬是他的，但是偷馬人也說是自己的，對員警來說，究竟馬是誰的，沒有相對的證據，則不是很明確，華盛頓透過自己的智慧來證明這馬確實是自己的，而誘使農場主自己「說了實話」。華盛頓撒了一個謊，編造了一個並不存在的虛假的問題。

【這段對話的關鍵是什麼？】

以錯的或者是不存在的前提來作為心理暗示來誘使對方回答，能擾亂對方的判斷，並產生錯誤的選擇。

這個問題對農場主來說，如果馬是他的，他就完全能夠回答，如果他不能回答，這馬就不是他的。這個問題就是馬的眼睛是否是瞎的，馬是農場主偷來的，他不熟悉馬，也因為做賊心虛，所以華盛頓一提出瞎眼這一子虛烏有的問題時，他就馬上中了圈套，把假問題當成了真問題，亂猜一通，這正好暴露了自己的虛假。

有意避開正面交鋒，完全不用直接勸說，能迫使對方透過自己的感悟、聯想和推理，自覺的放棄舊我，確立起新的立場、觀點和態度，藉以來求得保全。

任其發洩　表示同情

在做事的過程中，如發現對方有怨言，可以讓其盡情的發洩出來，然後再伺機處理，這樣就容易理順工作，對雙方都有好處。

大島正準備就任西屋電氣公司經理的時候，忽然被一家旅館的老闆——一個瘦小的老頭大罵了一頓。大島卻在大罵之下發現了一個將有可能使他成功的策略。

原來，這個怒氣衝天的旅館老闆並沒有當面罵他，而是將一封措辭極嚴厲的對電話公司不滿意的信寄給該公司。於是，公司便派大島去調查、調解此事。

後來，大島回憶說；「當那老頭聽說我是電話公司裡來的人，臉色立刻鐵青起來。我想，我的第一個任務就是讓這老頭火一樣的怒氣息下去。」

他接著說：「當時我決定一言不發，只是靜靜的聽，讓他盡情的發洩個夠。在他終於把那些埋怨電話公司的話說完後，我也知道了問題的癥結所在，我有針對性的稍稍的說了幾句。」我說完之後，旅館老闆拍著我的肩膀說：「小夥子，你這話倒還中聽，不過我埋怨的是那混蛋的電話公司。」

大島接著說：「我很感謝您中肯的意見，但是如果您不說您的問題已得到了滿意的解決，我是不能回去的。」

「好的，」他說：「就看在你的份上，我答應，以後我再也不寫信到你們電話公司裡去了。這樣行嗎？」

那老頭果然很守信，以後再沒寫信到我們公司去了。在這次經驗中我得到了一個很重要的啟發，那就是當一個人要發洩他的憤怒和不滿情緒的時候，你千萬不要中途插嘴，這樣會把事情弄得更糟，最好的辦法是讓他去發洩好了，發洩完了，他也變得舒坦了，而你呢，卻從他的言語中找到了制勝他的辦法。

對於一般人來講，即使錯了，也不肯輕易向當事人立即承認錯誤，要他們心服口服的認錯，得費一番心思。他們如果是位較有地位的人，就更難使他們引退了，這完全是「自尊心」在作怪。

如果我們一開頭就急於證明他的觀點是不正確的或者說是愚蠢的，那麼我們自己也做了件傻事，其結果只能是使他們堅持己見。如果我們對他們表示出應有的尊敬和同情，了解他們的真實企圖，然後循序漸進的指出他有可能步入的盲點，我們就比較容易使他們屈尊降貴的來遷就和尊重我們的意見。

同情是辦好事的一劑良方，生活中如能給對方以同情，常常就能換得對方的同情。

東京電器公司的清水敏夫，是官方的勞工糾紛仲裁員，他曾向人們講述過他是怎樣對付職工的憤怒和訴說的。他說：「將兩方面的爭辯者召集起來之後，他們兩方所常常渴望的是官方對他們的『同情』。」

「在這種情況下，我從不說哪一方的某個人是否有錯。這便使他們感到你能夠了解彼此怎麼會弄成這個樣子，承認他們所講的有一定的價值。簡單一點就是說：如果某某人得到別人的山羊，那麼，你就應該替失去山羊的人說幾句話貼心和惋惜的活。」

他還說：「無論是一種合法的調解還是一個不合法的仲裁手續，我的態度始終是先靜靜的聽他們訴說，鼓勵雙方都將自己心中要說的話全部說出來，甚至與本案關係不大或無關的內容我都讓他們講完。我認為這點很重要，這樣做能使他們感到得到了一個公平的處置。末了，我還要說一句：你們還有什麼話要說？不等到他們以為我在解決問題，其實我的仲裁早已調解好了。」

事情正是如此，大多數人都特別需要別人的同情，許多有才幹的管理者和客戶服務人員都能深明這一點，對那些發洩不滿情緒甚至對人和事情充滿敵意時，表示同情的心理，使他們覺得自己是很可親近的。

【這段對話的關鍵是什麼？】

故事中憤怒的老頭正是認為自己的自尊心受了損，所以才會對經理大島發洩怒火。

所以，在做事過程中，不管對方的怒氣多麼凶狠或者多麼無知，唯一能使他平靜的辦法是：靜靜的聽他訴說，要表示你在認真的傾聽，表示你理解他的心情，即使你不能同意他的觀點，但也要表示極大的理解與同情。

活躍氣氛　掌控情緒

生活中，有些人快人快語，有什麼說什麼，口無遮攔，張嘴便說，也不經細細思量。

假如在一個熟悉的環境裡，大家彼此比較了解，知道這是你的個性，可能還算是你的可愛之處；假如在陌生之地，不熟悉你的人中，不分場合地點，不分談話對象，一律心裡想什麼就說什麼，也會造成情緒上的衝突。

清末陳樹屏有急智和快才，善於用幾句話解開糾紛。他在江夏任知縣的時候，清朝著名大臣張之洞在湖北做督撫，張之洞與撫軍譚繼詢關係不太好。

一天，陳樹屏在黃鶴樓宴請張、譚二人。賓客裡有人談到江面寬窄問題，譚繼詢說是五里三分，張之洞卻故意說是七里三分，雙方爭執不下，誰也不肯丟自己的面子。

陳樹屏知道，他們是借題發揮，對兩個人這樣鬧很不滿，但是又怕掃了眾人的興，於是靈機一動，從容不迫的拱拱手，言詞謙遜的說：「江面上漲就寬到七里三分，落潮時便是五里三分。張督撫是指漲潮而言，撫軍大人是指落潮而言，兩位大人都沒有說錯，這有何可爭論的呢？」

張、譚二人本來是信口胡說，由於爭辯又下不了臺，聽了陳樹屏有趣的圓場，自然無話可說。

眾人一齊拍掌大笑，爭論不了了之。

社交中需要莊重，但自始至終保持莊重氣氛就會顯得緊張。這時就要運用良好的情緒控制給嚴肅的氣氛一點調節劑。寓莊於諧的交談方式比較自由，在許多場合都可以使用。

用幽默、詼諧的語言同樣可以表達較重要的內容。

你可以偶爾裝出滑稽的樣子，或搞出一副大喇喇、衣冠不整的樣子，或流露莽撞調皮、佯裝醉漢、擺出一副滿不在乎的神情等等。但這些都需要能屈能伸的良好情緒力。這些「缺點」平時在你身上不常見，人們突然觀察到這種變化，會有一種特殊的新鮮感或是驚異感。你的這種收得攏、放得開的舉止會令人忍俊不禁，使大家對你刮目相看，從而越加喜歡你，因此也就能促進你們的關係，當然他們自己的情緒就會更好了。

一本正經的人會給人古板、單調、乏味的感覺，所以除了故意搞笑以外，交談中不時穿插一些朋友們意想不到的、貌似荒謬而實則極有意義的問題，可以很好的活躍氣氛。

也許會有人時常問你一些荒謬的問題，如果你直訴對方荒謬，或不屑一顧，不僅會破壞交談氣氛、人際關係，而且會被人認為缺乏幽默感。這時最好控制住情緒，時而來點自嘲，時而以幽默的語言緩和一下氣氛。這是顯示你良好情緒力的最佳時刻。

【這段對話的關鍵是什麼？】

為人處事難免遇到諸如張之洞與譚繼詢那樣的對峙之時，雙方都不肯在言語上讓步進而導致現場氣氛的不和諧，這個時刻就需要我們像陳樹屏那樣，及時動腦筋，用幾句話解開彼此的衝突。

人情練達皆之重，人與人的關係是很敏感的，你不能保證你想的都對，說的都對，而且聽話人的接受能力也不同，但是不分青紅皂白、不講究方式方法的直言快語，往往帶來不良後果，輕則使人下不了臺，重則造成隔閡。這時候如果你能「旁觀者清」，在別人失言的時候，保持冷靜，察言觀色，巧妙的給他們圓圓場，則會有效的緩解衝突，甚至促進他人恢復良好的情緒。

投其所好　予人所需

聰明人做事如魚得水，跟他善於抓住對方弱點，並進而投其所好的心計和手腕是分不開的。

胡雪巖的精明之處，在於他善於抓住不同的人的特點，區別對待，也即是通常說的「投其所好」。

在胡雪巖的那個時代，要經營勢力，離不開銀子的作用。胡雪巖深諳此道，自然也從不吝惜銀子，甚至到了有「求」必應的地步。

比如在當時任浙江藩司麟桂調署江寧藩司，臨走時在浙江虧空的兩萬多兩銀子需要填補，又一時籌不到這筆款項，便找到胡雪巖請他幫助代墊，胡雪巖二話沒說便爽快的應承下來，以至麟桂派去和胡雪巖相商的親信也「激動」不已，稱胡雪巖實在是「有肝膽」、「夠朋友」，要他一定不要客氣，乘麟桂此時還沒有卸任，有什麼要求儘管提出來，反正惠而不費，他一定肯幫忙。

胡雪巖做的實在「漂亮」，他沒有提出任何索取回報的具體要求，只是希望麟桂到任之後，有江寧方面與浙江方面的公款往來，能夠指定由阜康代理。這一點點要求，對於掌管一方財政的藩司來說，自然是不費吹灰之力。

事實證明，胡雪巖的投資是有眼光的，最終得到了意想不到的收益。

但是，送錢並不是唯一的解決辦法，也有人愛金錢更愛美女的。胡雪巖認準這一點，忍痛割愛亦在所不惜。

當初，浙江巡撫黃宗漢露出口風要動一動了，就得考慮一下浙江巡撫的位置誰來接替最為合適。

為自己的利益計，這個位子由何桂清接任最合適，為此，胡雪巖專門去了一趟蘇州，遊說何桂清早日進京活動。至於費用，可以由胡雪巖放款（其實也就是代墊了）。

沒想到光是金錢難以驅動何桂清，何桂清年少得意，在情、色上免不了看不開，居然迷上胡雪巖的寵姬阿巧。這使胡雪巖非常意外。

對於阿巧，胡雪巖自相遇之日，便有「西南北東，永遠相隨無別離」的屬意。現在要做「斷臂贈腕」的舉動，這個決心委實難下。

最終，他還是做了「退一步想」的打算，忍痛割愛，將阿巧讓給了何桂清。何桂清見胡雪巖竟然以美相讓，萬分感動，當即帶阿巧上京打點，不多日便補了黃宗漢的缺。從那之後，他對胡雪巖非同一般，一直到死，都是胡雪巖生意場的堅強後盾。

贈金、贈美，對以一品頂戴兵部尚書兼都察院左都御史任閩浙總督的左宗棠，又都失去作用了。起初，由於杭州被太平軍占領期間的謠言，此時的左宗棠對胡雪巖既早聞其名，也早有戒備，他甚至接到許多狀告胡雪巖的稟帖，決定一律查辦，指名嚴參。這位素有「湖南騾子」之稱的總督，在胡雪巖前去拜見時，甚至都不給他讓座，很是「涼」了他一把。而胡雪巖最終還是得到了左宗棠的信任，甚至被引為知己，左宗棠由此成為胡雪巖在官場比王有齡更有力量的靠山。後來也就是因為左宗棠的大力舉薦，胡雪巖才得到朝廷特賜的紅頂子。

胡雪巖取得左宗棠的信任，其實只做了兩件事：

第一，獻米獻錢。胡雪巖回，帶到杭州去的有一萬石大米和十萬銀子。本來這一萬石大米有一個名目，那就是當初杭州被圍時，胡雪巖與王有齡商量，由胡雪巖冒死出城到上海採購大米以救杭州糧絕之急。胡雪巖購得大米一萬石運往但無法進城，只得將米轉道寧波，現在杭州收復，胡雪巖將這一萬石大米又運至杭州，且將當初購米款兩萬銀子面交左宗棠，等於是他既回復了公事，以此證明自己並非攜款逃命，而又另外無償獻給左宗棠一萬石大米。那十萬兩銀子則是胡雪巖為了敦促攻下杭州的官軍自我約束，不要擾民，而自願捐贈的犒軍餉銀。清軍打仗，為鼓勵士氣，有一個不成文的規矩，攻城部隊只要攻下一座城池，三日之內可以不遵守禁止搶劫姦淫的軍規。胡雪巖獻出十萬兩銀子，是要換個秋毫無犯。

第二，主動承擔籌餉重擔。左宗棠幾十萬兵馬東征鎮壓太平軍，每月需要的餉銀達二十五萬之巨，當時朝廷財政支出，用兵打仗採取的是「協餉」的辦法，也就是由各省拿出錢來做軍隊糧餉之用，實際上是各支部隊自己想辦法籌餉。胡雪巖聽到左宗棠談起籌餉的事，毫不猶豫就表示自己願意為此盡一分心力，而且當即就為籌集軍餉想出了幾條很是行之有效的辦法。

胡雪巖做的這兩件事，的確做到了對「症」下「藥」，因而也是一下子就「藥」到「病」除。所謂對症，是因為糧食、軍餉，都是左宗棠此時最著急也最難辦的事。杭州剛剛收復，善後是一件大事，而善後工作要取得成效，第一位的是要有糧食，另外，當時鎮壓太平軍實際是左宗棠與李鴻章協同進行，太平軍敗局已定，左宗棠當然想爭頭功，這個時候，糧草軍餉也是當務之急。沒有糧餉就無法進一步展開攻勢，而且一旦「鬧餉」，部隊無法約束，也就勢成烏合之眾，還會釀出亂子。胡雪巖的到來，使左宗棠這兩件讓他頭痛的事情一下子迎刃而解，哪裡還有不得他賞識的道理！用左宗棠的話說，解決了這兩個問題，不但杭州得救，肅清浙江全境他也有把握了。難怪胡雪巖去拜見他，開始連座都不讓，到聽說運來了糧食，不僅讓座而且是升炕，而到了談及籌餉，他馬上吩咐留飯了。

紅頂商人胡雪巖的生意真可謂做的是天下人無不佩服。

【這段對話的關鍵是什麼？】

胡雪巖說：「送禮總要送人家求之不得的東西。」

胡雪巖正是因為抓住了對方的心理弱勢，進而採取投其所好的心計和手腕，因此，他的生意才能做得如魚得水。可見他是深諳此道的。

而要對方喜歡，常常也就是送給對方急需的，又一時沒有的。比如左宗棠喜奉承，求事功，胡雪巖正好給他送去了能使他成就事功所必需的東西，一送之下，也就送出了意想不到的效果。

從心理學角度上講：投其所好，就能在心理上取悅他人，而只有你真正的使他人的身心感到愉悅了，他人才能為你所動。

聲聲淚下　奪得同情

據動物專家介紹：凶殘的鱷魚在吞噬獵物時，總要流下一串串「傷心」的眼淚。不知這種說法是真是假，但從另外一點折射出了鱷魚的狡詐之處。現實生活中，有的人為成就某事，竟然也用哭來達到目的。翻開歷史，會哭的人的確不少，哭得妙的人哭出了天下，次一點的也哭出個財運亨通。

三國時期，蜀主劉備是精於哭道的高手。說得誇張些，劉備能當上蜀國皇帝，與他愛哭會哭，是分不開的。李宗吾在《厚黑學》中稱劉備的特長「全在臉皮厚，依曹操，依呂布，依劉表，依孫權，依袁紹，東竄西走，寄人籬下，恬不知恥，而且生平善哭。寫《三國演義》的人，更把他寫得唯妙唯肖，遇到不能解決的事情，對人痛哭一場，立即轉敗為勝。」俗話也有「劉備的江山是哭出來的」說法。哭的確是做事時的「祕密武器」。

亞伯拉罕．林肯出身於一個鞋匠家庭，而當時的美國社會非常看重門第。林肯競選總統前夕，在參議院演說時，遭到了一個參議員的羞辱。那位參議員說：「林肯先生，在你開始演講之前，我希望你記住你是一個鞋匠的兒子。」

林肯看看他，沒有表現出憤怒的樣子，而是深沉的說：「我非常感謝你使我想起我的父親，他已經過世了，我一定會永遠記住你的忠告，我知道我做總統無法像我父親做鞋匠做得那麼好。」

聽了林肯這一席話，參議院陷入一陣沉默裡，林肯又轉頭對那個傲慢的參議員說：「就我所知，我的父親以前也為你的家人做過鞋子，如果你的鞋子不合腳，我可以幫你改正它。雖然我不是偉大的鞋匠，但我從小就跟隨父親學到了做鞋子的技術。」

然後，他又對所有的參議員說：「對參議院的任何人都一樣，如果你們穿的那雙鞋是我父親做的，而它們需要修理或改善，我一定盡可能幫忙。但是有一件事是可以肯定的，我無法像他那麼偉大，他的手藝是無人能比的。」

說到這裡，林肯流下了眼淚，所有的嘲笑都化成了真誠的掌聲。為後來林肯當上美國總統贏得了更多人的支持。

作為一個出身卑微的人，林肯沒有任何貴族社會的背景。他唯一可以倚仗的只是自己出類拔萃的扭轉不利局面的才華，這是一個總統必備的素養。正是關鍵時的一次心靈燃燒使他贏得了別人包括那位傲慢的參議員的尊重，抵達了生命的輝煌。林肯在關鍵時刻的眼淚，讓人們看到了他的鐵漢柔情，贏得了最後的成功。

男兒有淚不輕彈，只是未到傷心時。對於一位情感豐富的男子漢來說，哭未必就是罪過。只要巧於用哭，善於用哭，用「哭」辦成了事情，就是值得高興的事。

鮑爾溫交通公司總裁福克蘭，在年輕的時候因巧妙處理了一項公司的業務而青雲而上。他當時是一個機車工廠的普通職員，由於他的建議，公司買下了一塊地皮，準備建造一座辦公大樓。在這塊土地上的一百戶居民，都得因此而遷移地方。但是居民中有一位愛爾蘭的老婦人，卻首先跳出來與機車工廠作對。在她的帶領下，許多人都拒絕搬走，而且這些人抱成一團，決心與機車工廠一拼到底。

福克蘭對工廠主管說：「如果我們建議透過法律途徑來解決問題，就費時費錢。我們更不能採用其他強硬的辦法，以硬碰硬，驅逐他們，這樣我們將會增加更多仇人，即使建成大樓，我們也將不得安寧。這件事還是交給我來處理吧！」

這一天，他來到了老婦人家門前，坐在石階上獨自的流起了眼淚。這種行為自然引起了老婦人的注意。良久，她開口發問：「年輕人，有什麼傷心事嗎？說出來，我一定能幫助你。」

福克蘭趁機走上前去，他擦擦眼淚，沒有直接回答她的問題，卻說：「您在這時無事可做，真是天大的浪費呀！我知道您有很強的領導能力，實在是應該抓緊時間做成一番大事業的。聽說這裡要建造新大樓，您是不是準備發揮超人才能，做一件連法官、總統都難以做成的事：勸您的鄰居們，讓他們找一個快樂的地方永久居住下去。這樣，大家一定會記得您的好處的呀！」

從第二天開始，這個強硬頑固的愛爾蘭老婦人便成了全費城最忙碌的婦人了。她到處尋覓房屋，指揮她的鄰居搬走，並把一切辦得很好。辦公大樓很快便開始破土動工了。而工廠在住房搬遷過程中，不僅速度大大加快，而且所付的代價竟只有預算的一半。

福克蘭裝出委屈的樣子，用哭聲打動了老婦人的心，使她心甘情願的為福克蘭辦成一件大事。

【這段對話的關鍵是什麼？】

無論是林肯還是福克蘭，都在身處關鍵時刻，用哭讓人動容並取得成功，這實在應讓我們認真總結和學習。

某種情況下，哭是做事的好方法，那些自認為是強者的人為顯示「強大」，就自然而然會幫助「弱者」，打抱不平。

哭的方法千奇百怪，哭的效果奇妙無窮。眼淚是流給別人看的，不要不好意思，要以哭為榮，要哭出感情，要哭出特色，要哭出風度，要讓人們為你的哭而傾倒。做事時，成功和眼淚是不可分離的，抓住人性的弱點，就能為自己打開成功之門。

善用虛榮　不敗之師

人生在世，除了對物質有所需求之外，對精神上的需求也是很大的，而且隨著人類物質生產水準的提高，對精神享受的要求就越來越高。人需要在精神上獲得享受，需要別人的認可、尊重、欽佩、膜拜等，為了這種享受，人們甘願付出許多乃至生命。

或者說，人自出世以來所做的事情，歸根結底是都是為了尋求一種享受——勝利的快感。

拿破崙為了激起麾下鬥志，決定鼓舞中高級軍官士氣，他想出了一個辦法，陸續頒發了一千五百個十字勳章給他手下的軍官，並讚譽手下十八位將領為「法國軍人之魂」，還稱自己的部隊是「不敗之師」。

手下軍官將士們得到他的封賞，都很忠誠於他，很賣力的為他做事，軍隊戰鬥力節節攀升。不久，拿破崙率軍遠征，大敗歐洲各國軍隊，勢如破竹，不可一世。

在處理人際關係上，就要懂得在一定的原則下，盡可能多製造對方的精神享受，越能給對方帶來喜悅、成熟感的人，就越能在場面上吃得開。這是一種相當廉價的人際關係處理手段。

【這段對話的關鍵是什麼?】

對此，有人批評拿破崙的做法是在「用虛榮欺騙手下」。拿破崙聽了不但不生氣，反而理直氣壯的說：「支配人類的最大力量，除了虛榮，尚有何物?」

虛榮亦是其中一種。雖然是「虛」的，但畢竟是一種「榮」。從來沒人能逃得過榮譽的魅力，即使是「虛榮」。每個人都可反思一下自己，都會發現自己曾為虛榮而作過努力——這就是說，善用虛榮手段，是有效果的。

行使虛榮之道，不同於騙人，並不承受道德意義上的責任，相反，善用虛榮，有利促進人際關係融洽，有利集團內部成員的團結，值得提倡。

如何共用利益→雙贏定律

精於人情世故的人都希望在自己做事在「贏」的同時也要讓別人贏，任何只追求單贏的處世之道都不是長久之計。爭取雙贏，將會贏得別人的信任，與人心靈相通、目標相同、和諧共處。

嫉賢妒能　成功大忌

嫉妒心強的人的普遍心態是：「他根本就沒有什麼了不起，我不明白大家為什麼如此吹捧他。如果我也有他那樣的機會，我會比他做得更好。按理這個機會應該是我，我懷疑他暗地裡做了手腳。我要揭穿他的老底，讓他再也得意不成，我一定要這麼做，但要做得天衣無縫。」

一旦他們行動起來，即使你是無辜的，恐怕也得或多或少受到傷害，這樣你很可能會再也不敢輕易表現自己的才能，無法與之合作，甚至無法在原來的社交圈子裡待下去。

那麼究竟應當怎樣避免這種情況出現呢？怎樣做才能正確的應對這類人呢？

戰國時，張儀和陳軫都投奔到秦惠王門下，受到重用。可不久張儀便產生了嫉妒心，因為他覺得陳軫有才幹，比自己強很多，擔心時間一長，秦王會冷落自己，偏喜陳軫。於是他就找機會在秦王面前說陳軫的壞話，進讒言。

一天，張儀對秦惠王說：「大王時常讓陳軫來往於秦國和楚國之間，可現在楚國對秦國的關係態度並不比從前友好，反而對陳軫卻特別好。可見，陳軫在全心全意為自己謀利，並不是誠心誠意為我們秦國做事。還常聽說陳軫把秦國的機密洩露給楚國。作為您的臣子，怎麼可以這麼做呢？我不願意同這樣的人一起共事。況且最近我又聽說他打算離開秦國到楚國去。要是這樣，大王倒不如殺掉他。」

聽了張儀這番挑撥，秦王自然很惱怒，馬上傳令陳軫進見。一照面，秦王就對陳軫說：「聽說你想離開我，準備上哪裡去呢？告訴我，我好為你準備車輛呀！」

陳軫一聽，摸不著頭腦，只是兩眼直盯著秦王。很快他便明白過來，這裡面一定有原因，於是鎮定的回答：「我準備到楚國去。」

秦王心想果然如此。對張儀的話更加相信了，他緩緩的說：「那張儀的話並不是虛構了。」

陳軫心裡完全清楚了。原來是張儀在搞鬼！他沒有馬上正面回答秦王的話，而是定了定神，不慌不忙的解釋說：「這事不僅是張儀知道，連過路的人都知道。從前，殷高宗的兒子孝己非常孝敬自己的繼母，故而天下人都希望孝己能做自己的兒子；吳國的大夫伍子胥對吳王忠心耿耿，以至天下的君王都希望伍子胥做自己的臣子。所以說，出賣奴僕和小妾，如果左右鄰居爭著買，這就說明他們是忠實的奴僕賢良的小妾，因為鄰居非常了解他們才爭相去買；一個女子，因為同鄉的小夥子爭著要娶她為妻，這就說明她是個好女子，因為同鄉的人比較了解她。反過來如果我忠於大王您，楚王又怎麼會要我做他的臣子呢？我忠心一片，卻被懷疑，我不去楚國又到哪呢？」

秦王聽了，覺得有理，點頭稱是，不僅不再懷疑陳軫，而且更加重用他，給了他更豐厚

秦王聽了，覺得有理，點頭稱是，不僅不再懷疑陳軫，而且更加重用他，給了他更豐厚的待遇，相反對張儀冷淡了許多。

嫉妒心強的人在正常競爭機制中不願付出努力。而一旦別人做出成績時，他又感到憤憤不平。想當然的認為理應屬於他的東西卻歸你所有，心裡總感到無法平衡。這些人心懷不滿，對於你所得到的東西，他們也想要。除非你能消除他們這種情緒，否則他們將竭盡全力打擊報復你。

在任何地方，都有這樣的人，他們在實際工作中不努力做出成績，卻總是處心積慮的打擊那些憑自己實力做出成績的人。這類人就是典型的嫉賢妒能者，你需要認真思考對待的人。

【這段對話的關鍵是什麼？】

在嫉妒面前，不少人放棄自己的追求，使自己停留於一般和平庸，混合於普通，甚至是落後。有些人在嫉妒的壓力下，不得不縮回自己剛剛施展開的手腳，壓抑自己的抱負和理想，從而在這種嫉妒的壓力下垮下來，而很少有人像故事中的陳軫那樣，面對張儀的妒忌而設法反擊。

你應切記，他們的嫉妒，以及由這種嫉妒所造成的種種指責和攻擊，都是以變相的方式表達無能。也就是說，這種嫉妒實際上是以一種比較極端的方式，透過貶低他人的成功和長處，來掩蓋和彌補自己的缺陷和不足。可以說它是對你的成績的一種反面形式的肯定，而並不是一種真正的、客觀的批評。也正因為這樣，你完全不必介意和在乎這些嫉妒，反而應該非常坦然和自豪的與之相處。

真正的強者是不應該被這些小人的嫉妒所打垮的，我們在承認嫉妒對人的嚴重打擊的同時，還應當盡量忍受他人的嫉妒。並且把別人的嫉妒當成是自己的一種榮幸和驕傲，有句話說得好：「不遭人妒是庸才。」

精誠合作　獲得雙贏

在成功的路上，大凡明智的人都懂得聯合起來改變自己的命運，歷史上六國聯合抗秦，都得互保，而聯合一旦破裂，就都被強秦所滅。

湯姆遜是一位演員，剛剛在電視上嶄露頭角。他英俊瀟灑，很有天賦，演技也很好，開始扮演小配角，現在已成為主要角色演員。從職業上看，他需要有人為他包裝和宣傳以擴大名聲。因此他需要一個公共關係公司為他在各種報刊雜誌上刊登他的照片和有關他的文章，增加他的知名度。

不過，要建立這樣的公司，湯姆遜拿不出那麼多錢來。偶然一次機會，他遇上了愛莎。愛莎曾經在一家最大的公共關係公司工作了好多年，她不僅熟知業務，而且也有較好的人緣。幾個月前，她自己開辦了一家公關公司，並希望最終能夠打入公共娛樂領域。到目前為止，一些比較出名的演員、歌星、夜總會的表演者都不願同她合作，她的生意主要還只是靠一些小買賣和零售商店。當湯姆遜把他的想法告訴愛莎後，愛莎一拍即合，與他聯合做了起來。

湯姆遜成為了愛莎的代理人，而她則為他提供出頭露面所需要的經費。他們的合作達到了最佳境界，湯姆遜是一名英俊的演員，並正在時下的電視劇中出現，愛莎便讓一些較有影響的報紙和雜誌把眼睛盯在他身上。這樣一來，她自己也變得出名了，並很快為一些有名望的人提供了社交娛樂服務，他們付給她很高的報酬。而湯姆遜不僅不必為自己的知名度花大筆的錢，而且隨著名聲的成長，也使自己在業務活動中處於一種更有利的地位。

【這段對話的關鍵是什麼？】

透過愛莎和湯姆遜的相互協作，我們可以看到這樣一種格局：湯姆遜需要求助於愛莎，獲得為自己做宣傳的開支；愛莎為了在她的業務中吸引名人，需要湯姆遜做自己的代理人。你看，他們彼此合作，彌補了個人能力的缺陷，完成了一個人無法完成的事業。

合作是件快樂的事情，有些事情人們只有互相合作才能做成。不合作不僅他不能得，你也不能得。精誠合作，一加一大於二，這樣明顯的道理，一旦被掌握和運用，就能產生巨大的精神推動力，讓應用它的人信心倍長，獲得成功。

將心比心　理解他人

由相似吸引原理可知，當人們的看法、態度和價值觀等方面相似時，有互相喜歡的趨勢。當我們站在別人的立場來考慮問題時，互相之間就會找到很多共同的語言，從而增進了雙方的關係。

鮑勃是個有名的試飛駕駛員，時常表演空中特技。一次，他從聖地牙哥表演完後，準備飛回洛杉磯。當飛機飛行在三百尺高的地方時，剛好有兩個引擎同時出現故障。幸虧鮑勃反應靈敏，控制得當，飛機才得以降落。雖然無人傷亡，飛機卻已面目全非。

在緊急降落之後，鮑勃第一個工作是檢查飛機用油。不出所料，那架第二次世界大戰的螺旋飛機，裝的是噴射機用油。

回到機場，鮑勃求見那位負責保養的機械工。年輕的機械工早為自己犯下的錯誤痛苦不堪，一見到鮑勃眼淚便沿著面頰流下。他不但毀了一架昂貴的飛機，甚至差點造成三人死亡。你可以想像鮑勃當時的憤怒。這位自負、嚴格的飛行員，顯然要對不慎的修護工作大發雷霆，痛責一番。但是，鮑勃並沒有責備那個機械工人，只是伸出手臂，圍住工人的肩膀說：「為了證明你不會再犯錯，我要你明天幫我修護我的F-51飛機。」

果然，那個機械工由於這位負責人的舉動，一反沉悶、困頓的心情，很快順利的完成了修護工作。

【這段對話的關鍵是什麼？】

試想，假如這個世界上多出現鮑勃這樣的人，那麼我們的工作效率將會有多麼大的提升啊！

許多思想家一直在思考人類關係的法則。他們不約而同的找到了一條稱為道德上恆久不變的自然法則：「金律」，亦即「恕道」。「恕」者「如心」也，也就是讓我們站在別人的立場上來考慮問題的意思。

讓我們盡量去理解別人，而不要用責罵的方式！讓我們盡量設身處地去想——他們為什麼要這樣做。當我們站在對方的立場上來考慮問題時，就容易找到那個潛伏著的理由，同時也找到了順利解決問題的鑰匙。

人格高尚　盡顯魅力

有人把人格魅力比作花香，「梅檀香風，可悅眾心。」又說：「花香不會逆風而飄盡……然善人之香氣可逆風飄散，正人君子的香氣是洋溢四方的。」又說：「道風德香薰一切。」道德就是人格魅力的本體，誠信則是人格魅力的表現，而手段、點子，只是一種飄忽不定、甚至令人生厭的假象而已。這就是為什麼有人廣結廣交，有人寡情寡交；有人身邊人才薈萃，有人卻是光杆司令的原因。

西漢末年，王莽篡權後，驕奢淫逸，民不聊生，各路豪傑和農民起義軍紛紛興起，與王莽政權鬥爭。結果，王莽政權被推翻了。然而在王莽政權傾覆之後，各種豪傑為爭皇位，又打得不可開交，其中一支由劉秀領導的團隊。劉秀採納了部下邳彤的建議，用大司馬的名義，召集人馬，又招募了四千精兵。他的部將任光向天下宣告說：「王郎冒充劉氏宗室，誘惑人民，大逆不道。大司馬劉公從東方調百萬大軍前來征伐。一切軍民，歸順的，既往不咎；抗拒的，絕不寬容！任光派騎兵把這個通告分發到鉅鹿鉅鹿和附近各地。老百姓看到了通告，紛紛議論，把消息越傳越遠。王郎手下的兵將聽到了，都害怕起來，好像大禍臨頭似的。

劉秀親自率領四千精兵，打下了鄰近好幾座縣城，勢力漸漸大起來。沒過多少日子，又有不少地方首領，看到了通告，率兵前來投靠劉秀。劉秀向鉅鹿發起了攻擊。

不久，劉玄也派兵來征伐王郎。兩路大軍聯合在一起，連續攻打了一個多月，仍然沒有攻破鉅鹿城。有幾位將領對劉秀說：「我們何必在這兒多耗時日呢？不如直接去攻打邯鄲。打下了邯鄲，殺了王郎，還怕鉅鹿城不投降嗎？」劉秀採納了他們的意見，留下一部分兵馬繼續圍攻鉅鹿，自己帶領著大軍去攻打邯鄲，接連打了幾個勝仗。王郎的軍隊支持不住了，就打開城門，獻城投降。劉秀率領大軍進入邯鄲，殺了王郎。

劉秀住進了王郎在邯鄲修建的宮殿，命令他手下的人檢點朝中的公文。這些公文大部分是各郡縣的官吏和豪紳大戶與王郎之間往來的文書，內容大多數是奉承王郎，說劉秀壞話，甚至幫助出主意剿殺劉秀的。對這樣的文書，劉秀看也不看，把它們全都堆在宮前的廣場上，並召集全體官吏和將士，當著他們的面，把這些文書全都燒掉了。有人提醒劉秀說：「您怎麼就這樣燒掉了呢？反對我們的人都在這裡頭吶，現在連他們的名字都查不著了。」劉秀對他們說：「我燒掉這些，就是要向所有的人說明，我不計較這些已經過去的恩恩怨怨，好讓大家都安心，讓更多的人擁護我們。」

勸說的人這才明白過來，劉秀不追究那些曾反對過自己的人，那些人就會心安理得的服從劉秀，而不會因為害怕劉秀報復，投入反對劉秀的營壘。大夥都佩服劉秀的深謀遠慮和開闊胸懷。一些過去反對劉秀的人，見了劉秀的這種舉動，反而願意為劉秀效力了。

合作不能靠命令來維護。人們在完成合作的任務時，如果僅僅是因為害怕，或者出於經濟上的不安全感，那麼，這種合作很多地方是不會令人滿意的。因為，這樣做便把合作的精神忽略了，而正是這種精神——心甘情願的合作態度——對成敗具有重要的影響。

【這段對話的關鍵是什麼？】

沒有道德修養則無誠信示人，無誠信示人則無人格魅力，無人格魅力則人緣寡寥。回顧歷史，仔細分析正是因為劉秀贏得了人心，得到了更多人的支持，最後終於成為東漢的開國皇帝。

一個人獲得成功之前，他必須以高尚的人格得到人們的尊敬，否則，他就無法贏得別人的合作。鋒利的言辭，冷漠的對待他人的權利和感情，有意無意的怪癖——所有這些惡劣的人格，都將使這個人得不到人們的尊敬，至少是很難得到人家的尊敬。

有些人生來就有與人交往的天性，他們無論對人對己，處世待人，舉手投足與言談行為都很自然得體，毫不費力便能獲得他人的注意和喜愛。可有些人便沒有這種天賦，他們必須加以努力，才能獲得他人的注意和喜愛。但不論是天生的還是後天努力的，他們的結果無非是博得他人的善意，而那獲得善意的種種途徑和方法，便是『人格』的發展。

己所不欲　勿施於人

一個人若總是要將自己的意志強加於人，什麼事情都得聽他的，都必須按照他的意見做事，時間一長，誰能受得了？最後，一定是以合作失敗而結束。

《說唐》裡鼎鼎大名的尉遲恭是一名莽勇的將軍，卻不知在唐史裡，卻是一位以「和而不流」、有個性著稱於世的君子。

有一次，唐太宗李世民與吏部尚書唐儉下棋。唐儉是個直性子的人，平時不善逢迎，又好逞強，與皇帝下棋時使出自己的渾身解數，把唐太宗打了個落花流水。唐太宗心中大怒，想起他平時種種的不敬，更是無法抑制自己，立即下令貶唐儉為潭州刺史。還不解恨，又找來尉遲恭讓他去唐儉家一次，聽唐儉是否對自己的處理有怨言，若有，即可以此定他的死罪！

尉遲恭聽後，覺得太宗這種張網殺人的做法太過分，所以當第二天太宗召問他唐儉的情況時，尉遲恭只是不肯回答，反而說，陛下請你好好考慮考慮這件事，到底該怎樣處理。

唐太宗氣極了，把手中的玉版狠狠的朝地下一摔，轉身就走。尉遲恭見了，也只好退下。

唐太宗回去後，一來冷靜後自覺不該將自己的意志強加於人，這種做法難免無理，二來也是為了挽回面子，於是大開宴會，召三品以上官員入席，自己則主宴並宣布道：「今天請大家來，是為了表彰尉遲恭的品行。由於尉遲恭的勸諫，唐儉得以免死；我也由此免了枉殺的罪名，使我認識到不該將自己的想法強加於人，我知過即改。透過這件事，尉遲恭讓自己免去了說假話冤屈人的罪過，得到了忠直的榮譽，得綢緞千匹。」

合作需要人與人之間的平等，需要人與人之間的尊重。但是，有的人卻不是這樣，將自己看作是主人，將自己的合作者看作是「被恩賜者」，因而有意無意的露出一副優越感的樣子來，不懂得尊重人，在合作者面前自己永遠是個指揮者、命令者，讓合作者感到不稱心，時間一長，這種合作也將會不歡而散。

在我們身邊有的人很有能力，私心也不多，對自己的要求也很嚴格，但是就是別人不願意在他手下工作。什麼原因呢？就是因為他不太懂得「人非聖賢，孰能無過」的道理，往往將自己的要求也強加到合作者的身上，自己在節假日加班，也不讓其他人休息，誰要休息，就是想偷懶，就是不好好工作，就批評指責他人。這樣的人的確需要反思自己的言行了。

【這段對話的關鍵是什麼？】

唐太宗這樣做，當然主要還是為了顯示對人才的尊重；同時，他當然也感激尉遲恭。假如尉遲恭真的按他的話去，又怎知唐太宗「明正」起來，不治罪尉遲恭呢。

成功需要我們首先從自己做起，然後擴展到周圍的人身上，你將會發現什麼是你最高的價值、什麼是你最期望的目標、你應該運用何種人生遊戲規則，以及如何給其他的人定位。當你熟悉了建立人際關係的技巧後，便會很容易的和人們建立最誠摯的關係，並從其中獲益良多。

同理心　成就雙方

為什麼有的人總是失敗？就是因為他從來只以自我為中心，從來不願站在別人的立場上看問題，致使看問題過於片面，吃力不討好。

達羅是美國工人。一九二九年，美國經濟大蕭條，全美有四千萬失業者和貧窮者。在這次經濟大蕭條中，達羅也失業了。可貴的是達羅雖然失業了，他仍未對生活失去信心，他想，目前美國是全國性的經濟大蕭條，失業的人很多，因此像自己這樣生活困窘的人一定不少。自己在困窘中最強烈的願望是什麼呢？對，是擺脫貧窮，發財致富，做夢都想。自己做夢都想，別人也會有這種強烈的願望的。目前這種普遍的社會心理有利用價值！經歷一番思考之後，創造靈感不期而至。

一次，達羅在廚房的地上塗塗抹抹，發明了大富翁遊戲卡，這種大富翁遊戲卡有自己的特色，拿著它，無論何時何地，即使身無分文，也如同生活在富裕者的天堂。贏了可以嘗嘗買地的快樂，輸了可以一笑了之，再來一次。

這種畫餅充飢的遊戲，可以給貧窮者以精神上的慰藉，滿足人們特殊的心理需要。所以，這種大富翁遊戲卡很受當時失業貧困而又喜愛幻想冒險的美國人的歡迎，到一九三五年銷量達八十萬副。經濟大蕭條過去以後，人們仍然對它愛不釋手，估計有一億副大富翁遊戲卡銷往世界各地，全世界有幾億人玩過它。

【這段對話的關鍵是什麼？】

達羅，這位曾經失業的工人憑藉自己的發明當上了老闆，成了名副其實的大富翁。如果能換個角度考慮問題，你就會發現，出現在你面前的是廣闊的發展空間，任你施展才華，而且你都可以從容應對，不必擔心失敗。

「人同此心，心同此欲」，推己及人，也許就能夠掌握世界上許多人的心理，進而抓住心理所帶來的需求和蘊藏的機會，開創自己的事業。達羅在失業困頓中的思考就是同理心，它站在自己的立場設想別人，迎合了眾人的心理需求。此後達羅又能拿出合理的方案，最終把握機會，走向了成功。

心胸開闊　積極樂觀

人是有思想情緒的動物。情緒是人對客觀事物主觀態度的一種反映。有沒有良好的情緒，是心胸開闊還是心胸狹窄，能影響解決問題的思路，也就是說，心胸開闊才有利於事情更好的解決。

戰國時，梁國與楚國相鄰，兩國在邊境上各設界亭，亭卒們也都在各自的地界裡種了西瓜。梁亭的亭卒勤勞，瓜身長勢極好，而楚亭的亭卒懶惰，瓜身又瘦又弱，與對面瓜田的長勢簡直不能相比。楚亭的人覺得失了面子，有一天夜裡偷跑過去把梁亭的瓜秧全給扯斷了。

梁亭的人第二天發現後，氣憤難平，報告給這個縣的縣令宋就，說我們也過去把他們的瓜秧扯斷好了！宋就說，這樣做當然是卑鄙的，可是，我們明明不願他們扯斷我們的瓜秧，那麼為什麼再反過去扯斷人家的瓜秧？別人不對，我們再跟著學，那就太狹隘了。你們聽我的話，從今天起，每天晚上去給他們的瓜秧澆水。讓他們的瓜秧長得好，而且，你們這樣做，一定不可以讓他們知道。梁亭的人聽了宋就的話後覺得有道理，於是就照辦了。

楚亭的人發現自己的瓜秧長勢一天好似一天，而且是梁亭的人在黑夜裡悄悄為他們工作，便將此事報告楚邊縣的縣令。縣令聽後感到十分的慚愧又十分的敬佩，於是把這件事報告了楚王。楚王聽說後，也感到梁國人修睦邊鄰的誠心，特備重禮送梁王，既以示自責，亦以示酬謝，結果這一對敵國成了友好的鄰邦，共禦外敵。

【這段對話的關鍵是什麼？】

歷史故事告訴我們：生活中有很多困境，其實都是自己造成的。

心理學家皮瑞拉博士也分析指出，怨天尤人一族忙於對別人的批評，對環境、運氣的抱怨，以至沒有多餘的時間精力來思考如何改正自己。而如果光是批評，不圖改進，就足以證明這種人是專找別人過失來掩飾自己缺點的人。同時，怨天尤人，通常都是嘴上功夫，真要他們拿出解決辦法，總是一籌莫展。

律己宜帶秋風，待人宜帶春風。人與人相處貴在和諧，如果譴責別人的小過失，念念不忘別人的小錯誤，將使我們的心受到挾制，心眼狹小，更造成自己與別人相處時的潛藏危機，為自己樹立更多的敵人。相反，一個講寬恕待人之人，心胸開闊、寬恕仁愛，他自身的修養不但臻於完美，與他人也是一團和氣。沒有敵人，災害自然也不會降到他的身上了。

互惠雙贏　共用利益

一個人若是對合作者採取實用主義的態度，那麼永遠都合作不好，而且合作不久就會散夥。

吉田忠雄是日本吉田工業公司的董事長，吉田工業公司是世界上最大的拉鍊製造公司。年營業額達二十五億美元，年產拉鍊八十四億條，其長度達一百九十萬公里，足夠繞地球四十七圈。吉田忠雄本人被稱為「世界拉鍊大王」，他說他的成功是由於「善的循環」。這與他小時候捕鳥時受到的教育是分不開的。

吉田忠雄的父親吉田久太郎是個穩重而又有正義感的小鳥販子，他以捕捉、飼養、販賣小鳥為生。七歲時，吉田忠雄就上山給父親做幫手。他們捉鳥從來不捕幼鳥，不捕餵養期的成鳥。用吉田久太郎的話說，首先得保證鳥類能夠代代繁衍，這樣才可以永遠都捕到鳥。這是一個善的循環。它在吉田忠雄的心中打上了深深的烙印。在捕鳥、馴鳥的歲月裡，吉田中雄吸收了影響他一生的營養，他從鳥那裡學到了熱愛自由、堅強不屈的性格，這為他日後艱苦創業，登上世界「拉鍊大王」寶座打下了堅實的思想基礎。

二十五歲時，吉田忠雄創辦了專門生產銷售拉鍊的公司。五十歲時，吉田忠雄建成了世界一流的拉鍊生產工廠，完成了年產拉鍊長度繞地球一周的宏願。每逢有人追問他的成功之道時，吉田忠雄總是笑著說：「我不是愛護人與錢而已。人人為我，我為人人，不為別人利益著想，就不會有自己的繁榮。對賺來的錢，我也不全部花完，而是一部分作為員工的紅利，一部分再投資於機器設備上。一句話，就是善的循環。」

吉田忠雄信奉「善的循環」哲學。他相信在互惠互利的情況下，才能真正做到雙贏。公司支付的紅利，他本人只占有百分之十六，他的家族占百分之二十四，其餘百分之六十由公司員工分享，這是其他老闆難以做到的。吉田忠雄要求公司職員把薪資及津貼的百分之十存放在公司裡，用來改善設備，提高利潤；員工每年可以分到八個月以上的獎金，但他要求員工獎金的三分之二購買公司的股票，公司由此增加資金，員薪資水與資金更加提高，且可以拿到百分之二十股息。由此形成公司與員工之問的「善的循環」。

合作需要雙方當事人的無私，需要利益共用。有些人的私心太強，什麼利益都想自己獨吞（或占大頭），凡涉及名利之事都想自己優先，都想將他人排斥在外，自己一點小虧都不肯吃；有些人的功利主義色彩太強，對合作者採取實用主義的態度，用到他人時，什麼都好商量，不用他人時，則採取將人一腳踢開、理都不理的態度。

成功人士的合作技巧是一個「善的循環」。因為與人合作只想到自己的人，絕不會有好的回報。一切以損害別人的利益來充實自己的人都是卑鄙的，都會受到社會的譴責、公眾的鄙視。

【這段對話的關鍵是什麼？】

現代社會奉行人人相親相愛，大家互幫互助，而不是人人爾虞我詐，互侵互害。人人相親相愛，大家互幫互助的社會是一個理想的、美好的社會。

請把你從你的狹小天地裡釋放出來，以開放的眼光看世界，意識到人類的家園建設必須靠每一個體盡心盡力奉獻才能壯美輝煌，並切實的拿出實際行動來。

相互信任　切勿猜疑

猜疑使人際關係交往中本來小小的疙瘩發展成長期的不和。自古以來不知有多少人因為猜疑疏遠了朋友，中斷了友誼，甚至毀掉事業。

范增是項羽的得力謀士，許多次，劉邦的計謀都被他識破，劉邦要打敗項羽，首先想到的就是除掉范增，在陳平的協助下，劉邦演了一次反間計。當楚漢兩軍在滎陽相持不下時，項羽為了打敗劉邦，便借議和為名，遣使入漢，順便探察漢軍的虛實。陳平聽說楚使要來，正中下懷，便和劉邦布好圈套，專等楚使上鉤。

楚使進入滎陽城後，陳平將楚使導入會館，留他午宴。兩人靜坐片刻，一班僕役將美酒佳餚擺好。陳平問道：「范亞父（范增）可好！是否帶有亞父手書？」楚使一愣，突然明白了是怎麼回事，正色道：「我是受楚王之命，前來議和的，並非由亞父所派遣。」

陳平聽了，故意裝作十分驚慌的樣子，立即掩飾說：「剛才說的是戲言，原來是項王使臣！」說完，起身外出，楚使正想用餐，不料一班僕役進來，將滿案的美食全部抬出，換上了一桌粗食淡飯，楚使見了，不由怒氣上沖，當即拍案而起，不辭而別。

一到楚營，楚使立即去見項羽，將自己的所見所聞添油加醋的告訴了項羽，並特別提醒項王，范增私通漢王，要時刻注意提防。

其實，陳平的反間計並不高明，如果稍微考慮一下，就不難找出其中的破綻，只是項羽寡斷多疑，加之性格剛愎自用，自然也就不會想到這些。

項羽聽後，怨道：「前日我已聽到關於他的傳聞，今日看來，這老匹夫果然私通劉邦。」當即就想派人將范增拿來問罪，還是左右替范增勸解，項羽這才暫時忍住，但對范增已不再信任。

范增一直對項羽忠心耿耿，他心無二用，對此事一無所知，一心協助項羽打敗劉邦。他見項羽為了議和，又放鬆了攻城，便找到項羽，勸他加緊攻城。項羽不禁怒道：「你叫我迅速攻破滎陽，恐怕滎陽未下，我的頭顱就要搬家了！」范增見項羽無端發怒，一時摸不著頭腦，但他知道項羽生性多疑而剛愎，不知又聽到了什麼流言，對自己也產生了戒心。

范增想起自己對項羽忠心耿耿，一心助楚滅漢，他不僅不聽自己的忠言，反而懷疑自己，十分傷心。他再也耐不住了，便向項羽說道：「現在天下事已定，望大王好自為之。

臣已年老體邁，望大王賜臣骸骨，歸葬故土。」說完，轉身走出。項羽也不加挽留，任他自去。

范增悲傷的離開了項羽。在歸途中，他想到楚國江山，日後定歸劉邦，又氣又急，不久背上生起一個惡瘡，因途中難尋良醫，又兼旅途勞累，年紀已長，幾天後背瘡突然暴裂，血流不止疼死在驛舍中。

與劉邦相比，項羽的確具有更多的英雄特徵。他勇猛善戰、不畏艱難、性格直爽、恩怨分明、愛惜屬下、講究道義，有「力拔山兮氣蓋世」的美譽，但他的這些性格特徵皆被他的猜疑抹掉了。他沒有劉邦的柔韌、冷靜、果斷和博大，更沒有劉邦的雄才大略，所以他中了陳平的反間計，失去了一個得力的謀士，也失去了天下。

有一句俗話說：「害人之心不可有，防人之心不可無。」將它作為合作思考的一個準則，儘管有一點「消極之感」，倒也沒有什麼非議之處。但是，偏偏有些人卻將這一原則過於「強化」，與人合作時，處處不信任別人，變得愛好猜疑起來。

有了猜疑之心，對待朋友，看待事實，就不能從客觀實際出發，進行合乎邏輯的判斷、推理，而是憑藉一點表面現象，主觀臆斷，隨意誇大，進而扭曲事物，得出一個不切實際的結論，或者先入為主，先設框框，然後察言觀色，甚至無中生有，把幻覺當真，把一些毫無關係的現象也當作事實材料，生拉硬拽來當作證據。

【這段對話的關鍵是什麼？】

項羽吃了猜疑的虧，猜疑實在是害己又殃人。歷史告訴我們，君臣相互猜疑則天下就會動亂。因而賢明的君主和精明的大臣，都把猜疑視為相處的一大禍害加以避免。

如果你在工作中總以不信任的態度與他人交往，長此以往，別人就會逐漸疏遠你，因為沒有人能長期忍受你的這種「敏感」，被你長期的懷疑著。因此消除猜疑之心是你健康和他人公事的前提和基礎，要學會在心中初露端倪的時候，讓自己冷靜下來，多考慮自己的多疑是否有確鑿的證據，一旦不是就要拋棄成見和自我暗示。

當然，平日要學會交心通氣，開誠布公，同時要寬以待人，信任他人，這樣才能消除隔閡、疑惑，增進友情和信任感。

電子書購買

求生慾超強的說話課：一本從感情到職場都實用的溝通技巧，讓你「聲控」人心 / 俞姿婷著. -- 第一版. -- 臺北市：崧燁文化事業有限公司, 2021.07
面； 公分
POD 版
ISBN 978-986-516-751-6(平裝)
1. 說話藝術 2. 溝通技巧
192.32 110009951

求生慾超強的說話課：一本從感情到職場都實用的溝通技巧，讓你「聲控」人心

臉書

作　　者：俞姿婷
發 行 人：黃振庭
出 版 者：崧燁文化事業有限公司
發 行 者：崧燁文化事業有限公司
E-mail：sonbookservice@gmail.com
粉 絲 頁：https://www.facebook.com/sonbookss/
網　　址：https://sonbook.net/
地　　址：台北市中正區重慶南路一段六十一號八樓 815 室
Rm. 815, 8F., No.61, Sec. 1, Chongqing S. Rd., Zhongzheng Dist., Taipei City 100, Taiwan (R.O.C)
電　　話：(02)2370-3310　　傳　　真：(02) 2388-1990
印　　刷：京峯彩色印刷有限公司（京峰數位）

定　　價：380 元
發行日期：2021 年 07 月第一版
◎本書以 POD 印製